A RELIGIÃO NO MUNDO

ENSINO RELIGIOSO FUNDAMENTAL

A RELIGIÃO NO MUNDO

5ª SÉRIE

2ª edição - 2002

Paulinas

Dados Internacionais de Catalogação na Publicação (CIP)
(Câmara Brasileira do Livro, SP, Brasil)

Carniato, Maria Inês
A religião no mundo : 5ª série / Maria Inês Carniato. – São Paulo : Paulinas, 2001. – (Coleção Ensino Religioso Fundamental)

Ed. rev. segundo os novos parâmetros curriculares.
ISBN 85-356-0770-6

1. Educação religiosa (Ensino fundamental) I. Título. II. Série.

01-5553 CDD-372.84

Índice para catálogo sistemático:

1. Educação religiosa : Ensino fundamental 372.84

Capa:
Fotomontagem de
Antonio Ventura e Marta Cerqueira Leite
Diagramação:
Everson L. de Paula
Gerente de produção:
Felício Calegaro Neto

Créditos de fotos

Arquivo Paulinas:
p.15, Ângela Martins Pereira; p.16, 17esq. Cipriani;
p. 19, Paulo Pereira Lima; p. 29, Peter Holeinone;
p. 34, Luzia Maria Sena; 37d, Museu do Louvre, Paris;
p. 40, Biblioteca Nacional, Paris; p. 53, 57, Douglas Mansur;
p. 59, Celso Afonso (divulgação); p. 60, Denise Dognini;
p. 65, Galeria Gavin Graham, Londres;
p. 13d, 18, 22, 24b, 25, 32, 33, 39, 43,
44, 45, 46, 54b, 58, 61, 62a, 64, 68, arquivo.

Arquivo Família Cristã:
p. 9, 10, 28, Edgard Rodrigues; p. 12, 27, Marco Antonio Sá;
p. 13c Andréa Sales; p. 51, Jarder da Rocha; p. 52, Luis Abreu;
p. 54a, Joaquim Antunes; p.21, 50, arquivo.

Editora Mundo e Missão:
p. 17dir, 23, 24a, 31, 36, 37e, 48, 55, 62b.

Paulinas
Rua Pedro de Toledo, 164
04039-000 – São Paulo – SP (Brasil)
Tel.: (11) 5085-5199 – Fax: (11) 5085-5198
http://www.paulinas.org.br – editora@paulinas.org.br
Telemarketing e SAC: 0800-7010081

ENSINO RELIGIOSO FUNDAMENTAL

O objetivo do ensino religioso escolar é somar com a educação integral, possibilitando o conhecimento e a experiência da dimensão transcendente da vida humana, em âmbito pessoal, comunitário, cultural e universal. É uma proposta alternativa à sociedade secularizada e uma redescoberta e ressignificação da transcendência, de suas manifestações, do sentido que ela traz para a vida e da postura ética-relacional que ela propõe.

A coleção de ensino religioso fundamental oferece:

- metodologia que favorece a observação do fenômeno religioso, a reflexão que leva a perceber pontos de unidade e de sentido nas várias tradições religiosas, a informação que possibilita a atitude de diálogo e reverência e a experiência que educa para atitudes conscientes e transformadoras;
- atividades que possibilitam o desenvolvimento dos valores humanos, como o diálogo, a escuta, o respeito, a participação, a colaboração, a criatividade, a solidariedade, a relação pessoal com o transcendente... e favorecem a experiência da transcendência como dimensão indispensável e positiva do ser humano;
- articulação com a vida cotidiana do educando e com os demais conteúdos da educação, representados nos temas transversais previstos pelas diretrizes curriculares nacionais para o ensino fundamental;
- conteúdo que revela ao educando de que forma a dimensão humana transcendente e sua expressão religiosa foram vividas ao longo da história, bem como as conseqüências que tiveram na sociedade;
- possibilidade de um processo de amadurecimento humano e de vida cidadã que resulte em uma opção consciente e livre pela dimensão transcendente como sentido maior para a vida.

Características da coleção:

- livro único, para educador e educando;
- o objetivo do livro é servir como ponto de apoio e sugestão de conteúdo e de atividades participativas, e não como centro da prática pedagógica;
- organização dos conteúdos em quatro unidades temáticas para cada série;
- propostas de conteúdo e metodologia que favorecem a educação libertadora e transformadora e a integração com os temas transversais.

Sugestões de atividades participativas

Ao longo do ano poderão ser desenvolvidas algumas atividades, que constam aqui como sugestões, e muitas outras criadas pela turma. Quando for necessário, essas sugestões podem ser consultadas, como alternativas para as atividades propostas em cada aula.

Integração entre as turmas – Combinar entre os alunos de outras salas, que estejam trabalhando os mesmos temas, algumas atividades conjuntas como debates, mesas-redondas, painéis, murais, exposições de material produzido, teatro etc.

Integração interescolar – Marcar encontros com turmas da mesma série de outra escola, mesmo que não estejam trabalhando com este livro, para apresentação dos trabalhos realizados. Cuidar para que não haja atividades de competição.

Saídas culturais – Marcar datas para visitas a lugares onde possam constatar realidades ligadas à religiosidade, como museus, templos e centros de várias tradições religiosas.

Visitantes – Convidar pessoas que venham dialogar com a turma sobre determinado tema ligado ao conteúdo do ensino religioso.

Pesquisas e documentação sobre os temas dos diálogos – Gravar conversas de pessoas, sons, vozes, ruídos... que estejam documentando determinada situação. Trazer fotos de fatos ocorridos ou de pessoas em situações especiais e relacionar essas realidades com os conteúdos.

Novos escritores – Preparar em casa uma crônica, uma narração, um diálogo ou algo sobre o conteúdo que foi trabalhado na aula anterior, para apresentar na aula seguinte.

Historiadores – Pesquisar a história de uma comunidade, de um centro religioso, de uma igreja ou personagem religioso e escrevê-la em forma descritiva, em quadrinhos, em poema, com ilustrações etc.

Convidar os familiares para a aula – Oportunamente trazer familiares que participem de uma aula. Em cada aula poderia haver familiares de um ou dois educandos, de modo que sempre haja mais algum adulto, além do educador, que participe da construção de conhecimento do grupo.

Grupinhos em família – Combinar reuniões dos grupinhos em casa de alguém, para conversar informalmente com os familiares e contar o que acontece nas aulas de ensino religioso.

Fonte de pesquisa – Criar uma Enciclopédia Religiosa, que pode ser um caderno grande ou um álbum feito de papel alternativo, onde todos possam anotar suas pesquisas e descobertas e consultar quando precisarem de dados sobre os conteúdos.

Artistas plásticos – Procurar, em livros e enciclopédias, fotos e gravuras de objetos sagrados antigos. Reproduzir esses objetos em material próprio, como argila, massinha ou madeira, papel dourado e prateado. Identificar o objeto com os dados tirados da enciclopédia. Montar um museu.

Linguagem popular – Pesquisar palavras características da linguagem do povo da região. Montar com elas um discurso religioso, um sermão, uma canção religiosa ou uma prece.

Descobrir a religiosidade na TV – Combinar para que todos assistam ao mesmo programa de TV. Anotar tudo o que se relacione com religiosidade ou com algum dos temas trabalhados e debater em sala de aula.

Analisar revistas, filmes ou livros de suspense e terror – Observar como é apresentada a morte, o que acontece com a pessoa que morreu. Ver se a maneira como a morte é apresentada é semelhante ou diferente daquilo que as tradições religiosas ensinam. Julgar qual das formas de ver a morte é mais lógica, mais coerente e mais tranqüilizadora: a que os meios de comunicação apresentam ou a que as tradições religiosas ensinam?

Uma palavra a quem educa

Algumas atitudes, dentre outras, que o educador poderá descobrir e cultivar:

- Oportunamente, relativizar os conteúdos propostos no livro e assumir temas que representem melhor o interesse dos educandos no momento.
- Descentralizar sua própria liderança e permitir que, eventualmente, um dos educandos lidere a organização do trabalho do dia.
- Ser participante do processo de conhecimento do grupo, não fornecendo respostas já elaboradas, mas incentivando buscas, pesquisas, debates e confrontos.
- Valorizar as atitudes dos educandos e participar com sinceridade das experiências individuais e coletivas.
- Libertar-se do medo do risco, do novo e da escolha. Não ter medo de dizer: "Não sei. Vamos procurar descobrir juntos".
- Sensibilizar-se às necessidades reais da turma e a elas adaptar-se, sem procurar impor conteúdos ou atividades que não despertem interesse.
- Fazer-se presente não como quem domina todos os conhecimentos e pode transferi-los ao grupo, mas como um ponto de apoio, aprovação, incentivo, solidariedade, segurança e afeto. Mostrar que vale a pena ser adulto e que o comportamento dos adultos pode expressar companheirismo e colaboração.
- Relativizar preconceitos, dialogando em sala de aula sobre as experiências que os educandos trazem.
- Escolher o que for mais adequado, dentre as possibilidades de desenvolvimento do tema sugeridas em cada aula.

UNIDADE I

Internautas do invisível

Objetivo

Observar no mundo os sinais que mostram a abertura do ser humano ao transcendente.

1.1 – 5ª série, o sonho se realiza

Objetivo

Constatar, na própria vida, que o ser humano é atraído para superar os limites do presente e sonhar com algo melhor e mais pleno.

Material

Retalhos de cartolina ou papel colorido, tesoura, cola, material para desenho e pintura; uma folha de cartolina ou papel pardo, um pequeno retângulo de cartolina para cada um.

Construímos nosso sonho!

Parabéns! Valeu o esforço! Quantas vezes você sonhou com este dia... tudo parecia tão distante! Mas enfim ele chegou.

A chegada à 5ª série é a conquista de um sonho.

Você estudou durante muitos anos, construindo esse sonho que hoje começa a se realizar.

Você, como cada um dos amigos e amigas, é único e importante nesta sala. Cada um merece ser conhecido e recebido com alegria e amizade.

E todos temos capacidade para também conhecer e receber os outros com a mesma alegria e amizade.

Atividade

É hora de conhecer os novos amigos e amigas que não estavam em sua sala no ano passado. É aquela hora legal em que todos dão atenção ao que você tem a dizer e também recebem sua simpática acolhida quando se apresentam.

Escreva as iniciais de seu nome e crie uma sigla. Depois solte a imaginação: utilizando recorte, colagem, pintura ou desenho, faça seu logotipo, sua marca pessoal. Enquanto você cria seu logotipo pense: “Qual é o meu sonho para a 5ª série?”. Quando todos acabarem, começará a apresentação.

Comunicação

A primeira impressão que a turma terá de você talvez não dependa tanto da beleza e arte de seu logotipo, mas da escuta e respeito que você poderá ter por quem se apresenta.

Você pode também compartilhar com a turma seu sonho para este ano.

Após todos terem se comunicado, criar uma frase ou *slogan* que represente os sonhos da turma.

Em mutirão, escrever o *slogan* e colar os logotipos na cartolina, formando o painel da turma.

Para casa

Em grupos, pesquisar o sentido das palavras: *transcendência* e *transcendente*.

Representar o resultado da pesquisa de forma artística: símbolo, imagem, desenho, colagem, música, história em quadrinhos, poema, teatro ou outra coisa que o grupo prefira.

Criar personagens e histórias em quadrinhos que representem as coisas interessantes ou humorísticas que acontecem na sala. Só não vale ridicularizar alguém. Combinado?

1.2 – Somos internautas. Navegamos pelo mundo

Objetivo

Conhecer o que significam as palavras *transcendência* e *transcendente*.

Compreender que é possível a existência de uma realidade que não se pode captar com os sentidos.

Material

Expressões artísticas que resultaram da pesquisa sobre as palavras transcendência e transcendente.

Genial navegação

Você sabe que já existiam "nautas" antes de haver internet? Nauta significa navegador. As pessoas sempre tiveram curiosidade e desejo de saber o que existe mais longe, para além do horizonte ou do mar, e foram inventando modos de chegar até lá.

Nós somos internautas. Navegamos sem sair do quarto ou de casa.

Entramos no mundo virtual, vamos a qualquer parte do planeta e conhecemos gente de muitos países. Conversamos com as pessoas e elas nos respondem. Para nós, o mundo tornou-se muito mais amplo e atraente do que foi para nossos antepassados.

Os antigos nautas navegavam no mar. Nós – ou melhor, nossas mensagens – navegamos pelo ar, de forma real, porém invisível. Ninguém vê as imagens da internet voando pelo espaço, mas elas existem, chegam até nossa tela e criam comunicação entre nós e outros internautas do mundo inteiro. Tudo isso, sem sairmos de nossa casa. Não é genial? É genial... mas é invisível!

Navegar é superar medos e limites

Há milhares de anos, as grandes civilizações, como por exemplo os fenícios, construíram os primeiros navios e se aventuraram ao mar. No Império Romano, há mais de 2000 anos, os navios galeras cortavam continuamente o mar Mediterrâneo, levando e trazendo mercadorias e viajantes para todas as regiões do Império.

Barco filisteu do século XII a.C.

Os marinheiros tinham muitos temores: pensavam que no mar houvesse monstros e temiam a ira dos deuses do mar e dos ventos. Mas mesmo assim, foram sempre aumentando a navegação e chegando cada vez mais longe nas viagens.

Modelo de barco fenício do século VII a.C.

Durante a Idade Média, há mais ou menos 500 anos, os navegadores da Europa toparam a aventura de atravessar os oceanos em caravelas. Encontraram continentes que não conheciam e viram que a Terra era muito maior do que eles pensavam. Foi um tremendo avanço para a humanidade! As pessoas descobriram que nem sempre o visível e conhecido é tudo.

Caravela portuguesa do século XVI.

Depois, no século XX, vieram os astronautas que começaram a viajar pelo sistema solar em suas poderosas naves espaciais. As descobertas deles também trouxeram novos avanços ao conhecimento humano.

E agora, no século XXI, somos nós os novos conquistadores. Navegamos também e superamos todas as distâncias do planeta Terra com um simples movimento de nossa mão no comando do computador. Mas somos diferentes dos nautas que nos precederam porque nossa navegação é real, porém é invisível.

Ônibus espacial em vôo.

Temos uma capacidade quase infinita de comunicação.

Pensando bem, o que significa a palavra infinito?

Atividade

Você pode reunir-se com seu grupo e juntos apresentarem para a turma aquilo que foi preparado a partir do significado das palavras transcendência e transcendente.

Comunicação

Em círculo, dialogar:

De que forma a navegação invisível na internet pode ajudar-nos a compreender o significado da transcendência?

Para casa

Você pode procurar junto a seus familiares e pessoas conhecidas, objetos, frases, preces, gravuras, fotografias, quadros, livros, cânticos... que lembrem uma tradição religiosa.

Pode também conversar com a pessoa sobre o significado daquilo que ela está emprestando a você.

Não se esqueça de trazer o resultado de sua pesquisa para a próxima aula.

Criar seu diário secreto de descobertas importantes. Pode ser no computador ou em um caderno.

1.3 - Sinais do transcendente em nosso mundo

Objetivo

Perceber que o meio ambiente está repleto de sinais que revelam o desejo de infinito e a procura pelo transcendente.

Material

Os objetos que foram trazidos de casa, pedacinhos de papel e fita adesiva. Aparelho de som e CD.

A sombra

Era um dia de junho;
disse a erva para a sombra do olmo:
"Você se desloca
da direita para a esquerda muitas vezes,
perturbando minha tranqüilidade".

A sombra respondeu:
"Não sou eu, não sou eu.
Olhe para cima.
Há uma árvore que se move com o vento,
para o poente e para o oriente,
entre o Sol e a Terra".

A erva olhou para cima
e viu a árvore, pela primeira vez.
E disse para si mesma:
"Puxa! É uma erva maior do que eu".

E emudeceu.

GIBRAN, Kahlil. *Para além das palavras*. São Paulo, Paulinas, 1995. p.185.

Você já percebeu como na 5ª série seu conhecimento sobre o mundo e as pessoas está sendo ampliado? A inteligência é uma coisa fantástica!

Os sonhos de nossos ancestrais

A 5ª série estuda a pré-história, um período quase infinito de tempo antes de nós. Na última etapa da pré-história, mais ou menos 100 mil anos atrás, os *Homo sapiens,* isto é, os nossos ancestrais, percebiam que a força da natureza é maior do que a força humana.

- Os animais eram grandes e fortes.
- Os raios incendiavam as árvores.
- O Sol mantinha-se no espaço, sem cair.

As pessoas não conseguiam fazer coisas assim. Acreditavam então em espíritos poderosos da natureza que, se fossem honrados, poderiam ajudá-las, protegê-las e realizar seus sonhos de uma vida melhor.

Até hoje muitas pessoas consideram a natureza como um espaço sagrado, por meio do qual podem dialogar com alguém que não vêem, mas que acreditam que as escuta e atende.

Ao longo dos tempos, os povos têm marcado lugares sagrados, onde acreditam haver uma comunicação com o transcendente.

Os impressionantes locais sagrados

Nas mais variadas regiões do mundo existem locais sagrados que foram templos ou túmulos, cujas datas de construção e significado de origem nem sempre é possível esclarecer, mas são impressionantes testemunhos de que, no mundo inteiro, a humanidade já reverenciava o transcendente há milhares e milhares de anos.

Stonehenge, estrutura megalítica na Inglaterra. Não se sabe ao certo sua finalidade.

Alguns dos locais sagrados mais conhecidos são:

Local sagrado dos espíritos. Floresta da Polinésia.

- os megálitos de Stonehenge, na Inglaterra;
- as pirâmides do sol e da lua, no México;
- as pedras da ilha de Páscoa, no oceano Pacífico;
- as ruínas de Machu Picchu, no Peru;
- as ruínas do templo de Luxor, no Egito;
- as pirâmides dos faraós, no Egito, e muitos outros.

Os povos que tinham o costume de construir com pedras, levantavam construções em seus locais sagrados. Outros povos que viviam e os que ainda vivem na floresta, faziam e fazem seus recintos sagrados ao pé de uma grande árvore, no alto de uma montanha ou em uma clareira no meio da mata.

O objetivo de todos os lugares sagrados do mundo é um só: ser um espaço de comunicação entre os seres humanos e o mundo transcendente: os deuses, os espíritos, os antepassados.

Misteriosas figuras da ilha de Páscoa, na costa do Chile.

Atividade

Agora você pode revelar seu lado artístico e participar do mutirão para montar uma exposição com os objetos que foram trazidos.

Pode escrever uma plaquinha, identificando cada uma das peças: o nome do objeto, sua utilidade, a tradição religiosa a que ele pertence, o nome da pessoa que o emprestou.

Comunicação

Em círculo, dialogar:

- O que estes objetos nos revelam?
- O que isso tem a ver com a realização de nossos sonhos?

Aproveite e comunique:

- se você pertence a alguma tradição religiosa;
- que nome sua tradição religiosa dá a Deus;
- se participa de alguma comunidade ou grupo de sua tradição religiosa;
- o que mais aprecia em sua tradição religiosa.

Para ouvir e cantar:

Canção da unidade

É preciso dar as mãos,
sentir-se como irmãos,
vencer o nosso desamor.
É preciso unir os dons
e reunir os sons,
pra se poder cantar o amor.

É preciso sermos luz
que gera e que conduz
a vida em todo o seu valor.

O amor é que ilumina
a estrada que nos conduz.

A planta sempre se inclina
pro lado que vem a luz.

Não importa a cor do ser,
nem a raça e nem poder,
pois todos somos tão iguais.
Procurando, a gente vai
chegar ao mesmo Pai,
que a todos ama sempre mais.

Mas importa sermos luz,
que gera e que conduz
a vida em todos os sinais.

José Acácio Santana – CD *Notícias de vida* – Paulinas/COMEP

Formar um grupo de música e canto para selecionar músicas do gosto de todos e animar as aulas, se possível com instrumentos.

1.4 – O inexplicável sonho de Kathryn

Objetivo

Descobrir dentro de si o sentimento de infinito que é próprio da idade e leva a sonhar e desejar algo grandioso na vida.

Se você ler a história de Kathryn verá que já sentiu alguma coisa parecida.

Vôo de pássaro

Kathryn recordava-se menina. Alta para a idade, magrinha, cabelos loiros, lisos. Bastante sonhadora, adorava ler e depois ficar imaginando países, gente estranha, paisagens encantadas. Às vezes deitava-se na grama e ficava a observar o vôo dos pássaros. Seguia-os a subir bem alto em curvas largas ou quedas súbitas e rasantes, muito velozes. Imaginava-se voando, cortando os ares, querendo alcançar o azul do céu, ela menina-pássaro.

Sim, aconteceu algo muito estranho, certa vez: acompanhava o vôo de uma andorinha com total atenção. Tão profundamente foi se envolvendo que, de repente, viu-se flutuando no ar; uma sensação incrível de leveza tomou conta dela. Foi algo maravilhoso, inesquecível, que nunca mais se repetiu e para o qual nunca encontrou explicação. Jamais esqueceu aquele momento de iluminação.

O tempo passou. Kathryn cresceu, estudou física e dedicou-se à pesquisa. Quando abriram inscrição para o treinamento de mulheres astronautas, não hesitou, fez a sua. Pareceu que sempre esperara por isso.

Foi aprovada e selecionada entre as primeiras e, finalmente, escolhida para a viagem no ônibus espacial.

Kathryn submeteu-se a todos os exames e horários com alegria. Nada a desanimava, nem o rigor do treinamento, nem a rigidez dos horários ou a intensidade dos cursos a que devia assistir.

Aprendeu a conviver com a falta de gravidade, com a dieta dos astronautas, com a aparelhagem dos foguetes e cápsulas espaciais.

O tempo passou. A contagem regressiva para a subida do *Space Shuttle Discovery*, o ônibus espacial, foi iniciada. Kathryn e seus companheiros astronau-

tas já estavam na concentração que precede o vôo. Depois de dois adiamentos de lançamento, um devido a fortes rajadas de vento, outro a pequena falha descoberta na fuselagem, o ônibus espacial se elevou em meio à fumaça, deixando um rastro de fogo.

Kathryn sonhava acordada: ela cortava o espaço em velocidade vertiginosa, deixando a Terra para trás.

No segundo dia, orbitando a Terra, Kathryn cumpriu sua extraordinária missão: para resgate de satélites, ela e seus companheiros foram os primeiros seres humanos a dar um passeio no espaço, sem estarem ligados por um cordão à nave-mãe.

Kathryn, conduzida por uma Unidade de Manobra Tripulada – mochila a jato –, mergulhou no espaço cósmico e flutuou na escuridão. Aquela maravilhosa sensação de leveza que sentira naquele dia de sua infância inundou-a novamente, agora com toda a intensidade. Ela, Kathryn, fazia um vôo livre no espaço cósmico, envolta por sua grandeza, a Terra azul a girar na imensidão do universo.

Kathryn soube, então, que os sonhos ardentemente sonhados se tornam realidade.

GÓES, Lúcia Pimentel. *Memórias futuras, contos infanto-juvenis contemporâneos.* Rio de Janeiro, Editora Universitária da Universidade Federal Fluminense. 1987. p. 50.

Há dois modos de sonhar

O sonho de Kathryn é o modo mais comum: sonhar acordado, imaginar que já se está vivendo no futuro, do jeito mais maravilhoso e feliz possível.

O outro modo de sonhar é aquele que não depende da vontade de ninguém. O sonho chega durante a noite e povoa nosso mundo. Às vezes é assustador, outras vezes é agradável.

Na literatura antiga e na mitologia, na maioria das vezes em que os deuses se comunicam com as pessoas é em forma de sonho. O sonho situa-se na dimensão de infinito de nosso mundo interior. Ele nos mostra que aquilo que vemos, tocamos, ouvimos e vivemos a cada dia não é tudo. Nossa vida pode abrir-se para algo mais.

Na Bíblia, no Antigo Testamento, há a história de José, um rapaz hebreu que interpretou o sonho do faraó do Egito. (Mosaico do Batistério de São João, Florença).

Comunicação

É hora de exercitar um direito humano importantíssimo: o diálogo. Não vá perder essa chance!

Podem-se formar duplas ou trios, mas seria legal você não correr para perto de sua melhor amiga ou amigo, e sim aproximar-se de colegas que ainda não conhece muito bem. Podem começar assim:

- O que mais gostei na história de Kathryn?
- O que isso tem a ver com a minha vida?

Conversar com os familiares sobre os sonhos deles para você no futuro.

1.5 – Um ser com muitos nomes

Objetivo

Sentir-se participante da procura do transcendente, que é uma tendência de todos os seres humanos

Perceber que em todas as épocas, regiões e culturas existem sinais dessa procura.

Material

Aparelho de som e CD, folha grande de papel pardo para fazer um painel, material para recorte, colagem, pintura ou desenho.

O ser humano sente a presença de alguém

Você já sabe que a pré-história é o tempo em que a humanidade estava se organizando.

No fim da pré-história as pessoas já eram semelhantes a nós, mas ainda viviam em clãs, na floresta ou em cavernas. Não havia ainda países nem cidades.

Todas trabalhavam juntas para conseguir o alimento, mas tudo era difícil e perigoso e as pessoas sonhavam com uma vida melhor. Elas olhavam para a natureza e compreendiam que existia algo mais, alguém que não viam, mas que podia ajudá-las e protegê-las.

Sacerdote africano da tribo Felupe, da Guiné-Bissau. Está diante das raízes de uma árvore sagrada.

Não sabiam quem era esse "alguém mais", mas queriam reverenciar e demonstrar sua admiração. Esse sentimento foi tão forte que deu origem às tradições religiosas que existem até hoje. As diferenças entre as tradições religiosas são resultado dos povos, culturas, regiões e tempos diferentes em que elas se desenvolveram. Mas no fundo elas revelam uma atitude única de todos os seres humanos: a procura de comunicação com alguém que está para além da realidade visível.

O Deus supremo tem muitos nomes

Banca de gravuras religiosas na Índia

Além da reverência aos espíritos protetores da natureza, as tribos e clãs tinham também a crença em um ser supremo, criador do universo. Até hoje existem tradições religiosas tribais, principalmente na África, nas Américas, na Ásia e também aqui no Brasil.

A tradição religiosa dos povos Guaranis chama o deus criador de Maíra.

Os africanos descendentes das nações Yorubá o chamam Olorum, e em várias tribos da África oriental seu nome é Mulungu.

As tradições religiosas tribais não têm escritos sagrados. A fé é comunicada por meio de histórias, mitos e lendas, e vai passando de geração em geração. Os pais contam para os filhos a tradição da tribo e realizam os ritos e cerimônias de comunicação com o transcendente. A preocupação das pessoas é de caminhar no mesmo caminho dos antepassados, para não perder o rumo na vida.

Também as tradições religiosas que têm escritos sagrados dão vários nomes ao deus supremo:

– é Allah no Alcorão dos muçulmanos;
– é Ahura Mazda no Avesta do zoroastrismo;
– é Javé ou Jeová na Torá do judaísmo;
– é Deus Pai no Segundo (ou Novo) Testamento do cristianismo.
– é Brahma, no livro dos Vedas dos hindus.

Zoroastro, acompanhado do deus Ahura Mazda, que é representado pela águia.

Atividade

Para ouvir e cantar:

Procura

Saí para ver o luar,
pensando poder te encontrar.
Contei as mais lindas estrelas,
pensando te achar entre elas.
Só fui perceber pelo fim
que estavas bem dentro de mim!

Nas asas do vento voei.
Nas ondas do mar naveguei.
E quanto mais eu navegava
mais longe de ti me encontrava.

Depois eu compus a canção,
que fala de paz e união.
Em cada palavra que escrevo,
não sei se consigo e se devo
dizer-te que dentro de mim
és uma presença sem fim.

José Acácio Santana – CD *Notícias de vida* – Paulinas/ COMEP

Você pode dialogar em um pequeno grupo:

- O que mais me chamou a atenção na música?
- Como poderia ser representado, no painel da parede, o sentimento que esta música comunica?

Comunicação

Em mutirão com seu grupo, representar no painel de papel pardo os sentimentos que surgiram.

Colecionar os nomes que as mais variadas tradições religiosas dão ao deus criador. Criar um clube de colecionadores, e trocar os nomes encontrados.

No mundo inteiro as pessoas sonham com a felicidade

UNIDADE II

Objetivo

Conhecer a procura do transcendente que se revela no desejo de felicidade, próprio de todo ser humano, e se expressa nas tradições religiosas, nas culturas e na vida cotidiana das pessoas.

2.1 – Passos seguros para ser feliz

Objetivo

Compreender que o desejo de felicidade do ser humano só se realiza em um âmbito comunitário de participação, solidariedade e amor.

Material

Gravador e fita cassete, filmadora e fita de vídeo, aparelho de som, CDs de música popular preferidos da turma, livros e revistas.

Você já observou como as pessoas cantam e escrevem sobre seus sonhos de felicidade?

Construímos nosso sonho!

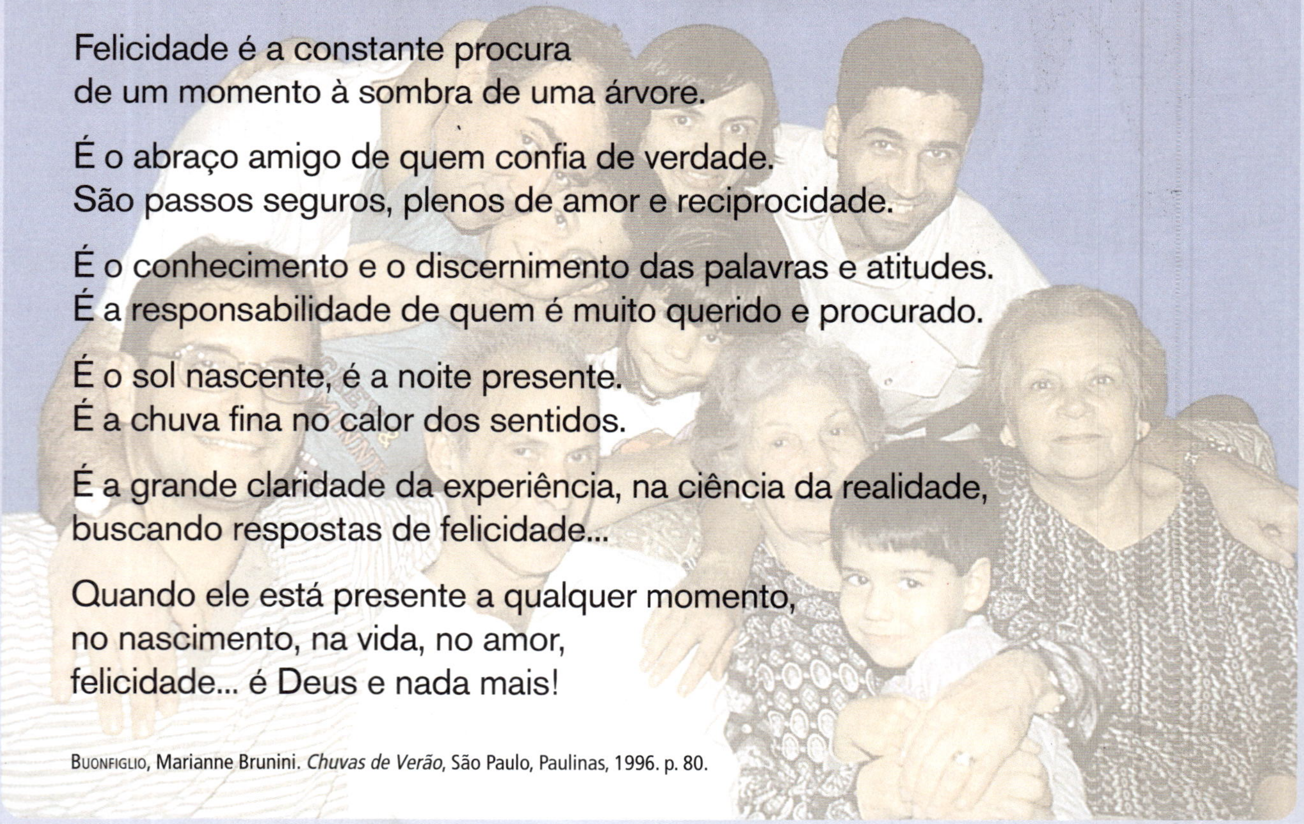

Felicidade é a constante procura
de um momento à sombra de uma árvore.

É o abraço amigo de quem confia de verdade.
São passos seguros, plenos de amor e reciprocidade.

É o conhecimento e o discernimento das palavras e atitudes.
É a responsabilidade de quem é muito querido e procurado.

É o sol nascente, é a noite presente.
É a chuva fina no calor dos sentidos.

É a grande claridade da experiência, na ciência da realidade,
buscando respostas de felicidade...

Quando ele está presente a qualquer momento,
no nascimento, na vida, no amor,
felicidade... é Deus e nada mais!

BUONFIGLIO, Marianne Brunini. *Chuvas de Verão*, São Paulo, Paulinas, 1996. p. 80.

A felicidade é uma conquista

É interessante. Somos felizes quando amamos as pessoas com quem convivemos e somos amados por elas.

Todos nós temos limites que não nos permitem amar: o egoísmo, o desejo de ter tudo só para nós, o desejo de aparecer, de vingar as ofensas, de brigar, de ridicularizar os outros... mas essas atitudes, no fundo, nos deixam tristes e infelizes.

Para ser feliz é preciso superar limites e desenvolver nossas capacidades e dons, não para ser mais que os outros, mas para compartilhar e ajudar.

Algumas histórias infantis parecem coisa de criança pequena, mas elas nos ensinam o segredo de ser feliz. Veja algumas:

O patinho feio tornou-se feliz quando descobriu que não era um pato desajeitado, como todos diziam, mas era um belo cisne.

Branca de Neve era feliz na casa dos anões da floresta, porque os amava e fazia tudo para vê-los felizes.

Rapunzel foi libertada do limite de uma torre que a prendia, porque um príncipe a amou e teve coragem de salvá-la.

Estas e muitas outras histórias que conhecemos mostram que a conquista da felicidade está no segredo de amar as pessoas e fazer algo por elas.

Atividade

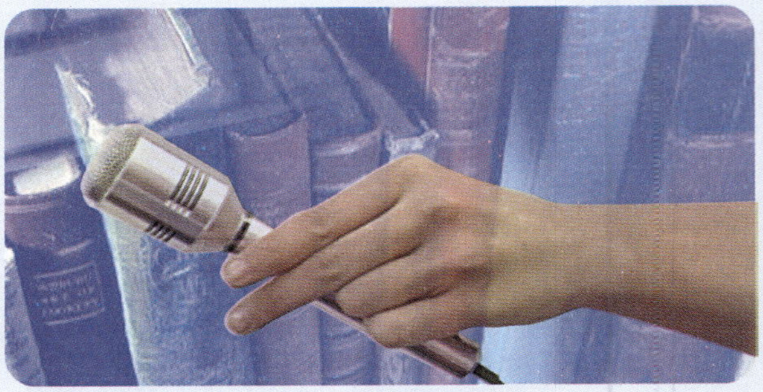

Hoje você pode tornar-se repórter e jornalista. Basta participar:

Formar duas equipes: uma para preparar um programa de rádio, outra um programa de TV.

Cada uma das equipes organiza subgrupos para:

- preparar perguntas para entrevistar pessoas sobre o tema felicidade;
- gravar ou filmar as entrevistas;
- anotar os dados das pessoas entrevistadas: nome, profissão, estado civil etc.;
- escolher músicas ou trechos de músicas que falem de felicidade;
- procurar em livros e revistas, poemas ou pensamentos sobre a felicidade.

Cada subgrupo combina data, horário e local para se encontrar e realizar sua tarefa.

Comunicação

Em círculo, você pode compartilhar:

- como se sentiu na equipe e no subgrupo;
- o que é preciso fazer para que a equipe trabalhe bem e todos se sintam úteis.

Rever as tarefas e as pessoas encarregadas, ver se está tudo preparado para a criação dos programas.

Para casa

Realizar, com seu subgrupo, a parte do trabalho que ficou determinada.

Montar os programas, unindo as entrevistas, as músicas e os poemas que foram encontrados sobre o tema felicidade.

Observar os programas de TV, as revistas, a publicidade... e ver como a felicidade é apresentada na linguagem da comunicação.

2.2 – Felicidade existe mesmo?

Objetivo

Conhecer o que as pessoas entendem por felicidade e de que modo a procuram.

Material

Toca-fitas, a fita do programa de rádio, aparelho de videocassete, a fita do programa de TV e aparelho de televisão; uma folha de caderno para cada um.

Desejamos algo mais

A felicidade é a palavra que sintetiza os sonhos das pessoas. Mas ninguém se considera completamente feliz.

Você já parou para pensar por que motivo às vezes você fica com uma sensação de vazio e um desejo de algo mais, de algo maior?

O Buda sorridente expressa a felicidade que vem da harmonia interior.

O "algo mais" está a nosso alcance

As tradições religiosas têm palavras que nos revelam como encontrar na vida o "algo mais" que nos faz felizes todos os dias e nos dá coragem de enfrentar e superar dificuldades e de deixar de pensar só em nós mesmos, para amar a quem convive conosco:

Axé, para as tradições religiosas africanas, é alegria, vida e bênção dos orixás.

Shalom, para a tradição religiosa judaica, é paz e bênção de Javé ou Jeová.

Hare Krishna, para os seguidores da crença indiana em Krishna, é uma saudação de comunhão com o transcendente e harmonia interior.

MashaAllah, para os muçulmanos, é uma saudação de gratidão a Allah pela bênção da vida.

Atividade

Cada uma das equipes apresenta a gravação de seu programa.

Todos anotam as palavras que mais aparecem, além da palavra felicidade.

Comunicação

Agora, quando chegar sua vez, você pode comunicar à turma as palavras que você anotou, que mais foram repetidas nos dois programas.

Pode também dar sua idéia no mutirão para criar uma frase que sintetize a felicidade.

Para casa

Você tem uma folha igual às que foram distribuídas para todos os colegas.

Durante a semana, lembre-se de uma ocasião de sua vida na qual se sentiu muito feliz.

Crie, então, uma forma de comunicação para esse fato, como história em quadrinhos, poema, notícia de jornal, crônica... Se você ilustrar a página, ela vai comunicar muito mais a experiência que você quer compartilhar com a turma.

2.3 – Quem alcança o arco-íris?

Objetivo

Conhecer a dimensão transcendente da felicidade, que não se esgota na realidade material.

Material

As folhas que foram escritas e ilustradas durante a semana, com os fatos felizes da vida de cada um.

Material para fazer a capa do álbum da turma, tesoura e cola.

Você gosta de lendas? Pode-se até pensar que são coisas "para criança pequena". Mas não. As lendas usam uma linguagem simbólica que revela os sentimentos mais profundos de todas as pessoas: crianças, pré-adolescentes, adolescentes, jovens, adultos, anciãos... no fundo, somos iguais. Só temos pequenas diferenças próprias de cada idade. Mas todos queremos ser felizes, amar e ser amados.

Quem alcança o arco-íris?

Conta a lenda que no começo do arco-íris existe uma panela de moedas de ouro.

Conta também que no fim do arco-íris está a porta para o mundo das fadas e dos gnomos.

Que maravilhoso! Uma panela cheia de ouro é suficiente para comprar quase todas as coisas que alguém possa desejar. E o mundo das fadas e dos gnomos é o lugar onde todos os sonhos se realizam.

Mas... quem já conseguiu mergulhar no começo ou no fim do arco-íris? Quem viu as moedas de ouro ou passou por aquela porta?

O arco-íris parece começar logo ali, atrás do primeiro obstáculo, e quando alguém corre até ali, vê que ele está muito mais à frente.

Pode-se até continuar correndo, mas quando se vê, o arco-íris já se desfez e desapareceu de nossos olhos, levando consigo o tesouro, os gnomos e as fadas!

As lendas expressam o sonho de felicidade

Existem muitas lendas semelhantes à lenda do arco-íris. A maioria delas fala de uma felicidade do passado, que foi perdida, mas que pode ser reconquistada. Eis alguns exemplos:

A lenda do Eldorado fala de uma cidade perdida, na qual o ouro é mais comum do que as pedras. Os conquistadores do século XVI procuravam o Eldorado. Quando chegaram às Américas e viram belas peças de ouro nas cidades dos Incas, Maias e outros povos, pensaram que a cidade perdida estivesse por perto e a procuraram por muito tempo.

A lenda da Atlântida diz que há um continente perdido no fundo do oceano. Viviam nele grandes e ricas civilizações, mas ele afundou no mar e nunca mais foi encontrado.

As lendas mostram que o ser humano não está satisfeito com a realidade material em que vive e sonha sempre com algo maior, que foi perdido mas pode ser reencontrado. A linguagem usada para expressar o sonho muitas vezes são o ouro e as riquezas, mas todos sabemos que riqueza não é sinônimo de felicidade. As lendas querem falar de um outro tipo de riqueza: uma realidade maior, que de certa forma, nos chama e nos atrai para superarmos nossa realidade presente.

Os Guaranis acreditam que além do horizonte, no meio do mar, existe a Terra Sem Males, onde a vida é feliz, sem morte, desgraças e doenças.

Atividade

Agora você pode trabalhar como em um ateliê de arte e ajudar no mutirão para montar o álbum da felicidade da turma:

- criar o título;
- fazer a página inicial;
- fazer a capa;
- prender todas as folhas juntas;
- colocar a capa.

Comunicação

Agora o álbum vai passar de mão em mão.

Cada um apresenta a folha que criou e conta o fato feliz de sua vida.

Esse é um tempo muito especial para você exercer seu direito de respeitar as pessoas: evitar risinhos, cochichos, piscadas, caretas e outras "comunicações paralelas" que atrapalham a sintonia e a experiência de amizade entre as pessoas.

Conversar com os familiares sobre os momentos mais felizes e montar o álbum da felicidade da família.

2.4 – O menino das caravanas

Objetivo

Compreender que as tradições religiosas revelam o algo mais que todo ser humano procura.

Material

Aparelho de som e CD, folhas para cartazes, material para desenho, pintura e colagem.

Você sente, às vezes, uma sensação de não ter o amor de ninguém? De que não há nada de interessante que mereça sua atenção e esforço? Que não existe ninguém pronto para receber todo o amor que você tem reservado?

As sensações, na maioria das vezes, são diferentes da realidade. Você é uma pessoa repleta de capacidades para ser tudo aquilo que sonha. Veja a história de um menino que era órfão e desprezado.

Maomé, o menino das caravanas

Em Meca, na Arábia Saudita, no século VI d.C., nasceu Maomé. O menino ficou órfão de pai e mãe e foi criado por pessoas cruéis que o maltratavam. Nunca foi levado à escola, foi analfabeto a vida inteira, mas era um garoto muito inteligente.

Quando era adolescente, Maomé foi contratado, como ajudante, por uma caravana de mercadores que viajava para a Síria e o Líbano. Passou assim a uma vida nômade, indo e voltando constantemente, pelas trilhas do deserto, de um país para outro.

Jovem islamita das Filipinas.

Jovens islamitas estudam o Alcorão, em Camarões, África.

Maomé, à esquerda, é representado por uma tocha flamejante

Durante a noite, os mercadores sentavam-se ao redor da fogueira para conversar e rezar. Maomé pôde assim conhecer melhor o Deus único –Allah, em árabe –, também reverenciado pelos judeus e cristãos que ele encontrava em suas viagens.

Com o passar dos anos, Maomé deixou a vida de viajante, mas continuou pensando em tudo quanto havia aprendido durante o tempo de nômade. Ele ficava horas procurando compreender os problemas e sofrimentos das pessoas. Dedicava um mês por ano à meditação, ao jejum e à oração, no alto da colina Hika, perto de Meca.

Após muitos anos refletindo e rezando, ele compreendeu que as pessoas que adoravam ídolos estavam erradas e que somente Allah, o Deus único, é criador de todas as coisas.

Maomé tinha 53 anos quando chegou a essa compreensão. Imediatamente começou a pregar em Meca, convidando os peregrinos a abandonar os ídolos e deuses e a adorar somente a Allah. Muitos o seguiram e passaram a chamá-lo profeta. Mas nem todos concordaram com ele. Alguns tentaram matá-lo. Ele então fugiu para a cidade vizinha de Jatrib, que, com sua chegada, passou a chamar-se Medina, a cidade do profeta.

A noite da fuga de Maomé é o marco inicial da tradição religiosa islâmica. Chama-se Hégira, e aconteceu em 24 de setembro de 622.

Em Medina, o profeta continuou ensinando como adorar a Allah. Seus discípulos escreveram o que ele dizia. Surgiu assim o Alcorão, o livro sagrado dos muçulmanos.

O Alcorão é todo escrito em poemas, as suratas, que são uma bela forma de expressão da cultura árabe.

O Alcorão mostra o caminho da felicidade

- Abandonar a idolatria.
- Não roubar.
- Não mentir.
- Não injuriar.
- Não se embriagar.
- Ajudar os pobres.
- Pagar a quem trabalha antes que o suor lhe seque na fronte.
- Não obedecer a ordens que sejam contra a fé.

Atividade

Eu quero acreditar

Eu quero acreditar na vida,
ver o Sol em cada amanhecer,
ter no rosto um sorriso amigo,
acreditar que o sonho é pra valer.
Eu quero ter meu peito aberto,
caminhar e não olhar pra trás.
Caminheiro, quero amor por perto.
Quero o mundo construindo paz.

Canta comigo, canta esta canção,
pois cantando sonharemos juntos
pra fazer um mundo mais irmão.

Eu quero acreditar no amor,
ver a noite se afastar de mim.
Em cada rua plantar uma flor
e fazer da terra um jardim.
Venha junto sonhar o desejo
de que a vida não tenha mais fim.
No violão soe todo o arpejo,
construindo a paz, o amor enfim.

Zé Martins – CD *Certezas* – Paulinas/COMEP

Em duplas ou trios, cada um fala sobre uma oportunidade em que pôde amar, servir, perdoar, ajudar, dizer a verdade; como se sentiu quando fez aquilo; como se sentiu a pessoa que foi ajudada.

Comunicação

Cada trio apresenta sua síntese em forma de canção, rima, desenho ou gesto.

Para casa

Fazer a brincadeira de amigo-secreto.

Você pode observar o amigo ou a amiga durante a semana e anotar todas as coisas boas e bonitas que vê.

Depois, pode criar uma expressão artística que simbolize as características positivas da pessoa.

Combinar com as outras turmas de 5ª série a preparação de um evento em que cada uma apresente os resultados das aulas de ensino religioso. Com certeza a turma que tiver compreendido melhor a experiência das aulas, será a primeira a não querer competir nem criticar a apresentação dos colegas.

2.5 – Tijolos em forma de turma

Objetivo

Constatar que cada um tem capacidade para participar e fazer muita coisa para que todos sejam mais felizes.

Material

As expressões artísticas que foram criadas pelos amigos-secretos para representar cada um.

Aparelho de som e CD.

Retângulos grandes de cartolina para todos.

Desordem no progresso

Tanta gente, tanta bagunça!

Cada um com sua característica especial!

O Carlos Eduardo, eu ainda não conheço muito bem.

Gambá... Calma, é só apelido, tem pinta de comediante.

A Cátia, eta amiga, colega de riso!

O Danilo ainda é motivo de estudo!

O Diego é às vezes quieto, outras, faz dupla com Cabral, que fala pelos cotovelos!

O Goldoni tem um jeitão de chefe de gangue, mas é só no superficial, pois é muito gente fina!

O Takata, nunca vi carinha mais reclamão, com jeito de boêmio!

Fabrício é superlegal, mas quem não entra na onda...!

O Biguzzi ainda é um mistério!

O Kenji, também desconheço! Timidez... dos dois?

O Mutti parece um poste, de tão alto!

A Fernanda é demais!

O Glauco é quieto... pelo menos é o que parece!

A Irae é uma graça... Cheguei!

A Katlin é o máximo!

A Laura, supertímida, faz dupla com Lizandra!

A Luciana vive apaixonada.

O Luiz é o CDF da classe!

Mariana faz dupla com Irae, legal!

A Priscila também é CDF... mas de uma simpatia a toda prova!

O Renato sempre tem uma brincadeira comigo, Katlin, Lívia!

O Thiago e o Zuppo são amigos. Fazem parte da bagunça.

O Sérgio e o Milton são veteranos... meus antigos companheiros... mas são da turma da alegria.

O Diogo, cara legal, aluno novo...

Marianne... bem, com certeza meus colegas devem ter muito o que achar de mim!

Enfim, ninguém é perfeito!

Mas, apesar da bagunça, tantas personalidades diferentes.

Cada um sente que é mais um tijolo em forma de turma.

Tijolos de amigos inseparáveis, que, sem contar os socos, pontapés e discussões, são uma verdadeira família para mim!

Nunca vou esquecer vocês.

A vida sem amigos é um céu sem estrelas!

Tomara que todos tenham amigos leais e extraordinários como eu tenho.

Depois de tanta bagunça, é maravilhoso imaginar que daqui sairão médicos, advogados, políticos, "mafiosos", policiais, intelectuais... e até uma escritora!

BUONFIGLIO, Marianne Brunini. *Chuvas de verão.* São Paulo, Paulinas, 1996. p. 46

Incrível! Podemos ter amizade pessoal com Deus

A Bíblia conta, no livro do Êxodo, que Moisés e o Deus Javé, ou Jeová, eram grandes amigos.

A amizade é uma comunicação entre as pessoas: uma ajuda a outra a crescer, a superar limites, a se tornar melhor. Com Moisés e Deus também foi assim. Deus dava conselhos a Moisés, e Moisés também os dava a Deus.

Uma vez, Deus desabafou o coração com Moisés e disse: – O povo de Israel não me ama mais e oferece sacrifícios aos ídolos. Estou muito magoado. Moisés respondeu: – Não faça nada de mal ao povo. Pense em Abraão, Isaac e Jacó, os antepassados deste povo, que foram grandes amigos seus. Por respeito a eles, não faça mal ao povo.

Então Deus reconheceu que Moisés tinha razão, superou a mágoa e não procurou chamar a atenção do povo como havia pensado.

(Confira na Bíblia: Ex 32, 7-14.)

Esta iluminura da Idade Média mostra Deus conversando com Moisés

Atividade

É hora de revelar o amigo-secreto e descrever, com sinceridade, as características positivas da pessoa, que você expressou de forma artística.

Para ouvir e cantar:

Abraço de paz

Eu queria que o vento do mar fosse a minha canção
e suave pudesse cantar para o teu coração.
Levaria notícias de paz e poemas de amor
deste meu coração navegador.

Quando escutares, então, as canções que compus,
sabe que a boa emoção é o amor que produz.
Quero que a minha canção seja um beijo suave,
um abraço de paz para o teu coração.

Eu queria que a luz do luar fosse a minha canção
e suave pudesse brilhar.
Levaria lembranças de quem só deseja teu bem
neste meu coração sonhador.

José Acácio Santana – CD *Notícias de vida* – Paulinas/COMEP

Para casa

Com o retângulo de cartolina que foi distribuído, ou com outro que tenha em casa, você pode desenhar uma parede de tijolos com uma janela grande de vitrais, a mais bela possível.

Não precisa colorir a janela, mas, se quiser, solte sua arte na parede.

Conversar com alguém da turma
que ainda não pertence a seu grupo
de amigos ou amigas,
e propor alguma atividade juntos.

Nosso mundo tem janelas para o infinito

UNIDADE III

Objetivo

Compreender que as tradições religiosas são expressões parciais de uma única realidade: a procura humana pelo infinito.

3.1 - Além dos vidros da janela

Objetivo

Compreender que a transcendência não só está dentro de cada ser humano como também o atrai para o mistério do infinito, que está para além do visível.

Material

A parede de cartolina com a janela, confeccionada em casa.
Retalhos de papel celofane colorido, tesouras, fita adesiva.

Você já se imaginou passando férias no Pólo Norte, exatamente no inverno?

Lá, a noite dura seis meses. A luz do Sol só volta a brilhar na primavera e fica até o fim do verão. Depois, é o escuro novamente, por todo o outono e o inverno.

Imagine a saudade que os habitantes do Pólo Norte sentem da luz!

Os vidros de minha janela

Como é transparente, translúcido, o vidro de minha janela!
Deixa-se atravessar pelos raios de luz do Sol.
Deixa-se invadir pela claridade.

Vejo o mundo através dos vidros de minha janela!
Ó Deus, como a luz penetra pelos vidros das janelas,
deixai que vossa luz divina penetrante atravesse minha vida.

E que eu ilumine e clareie os ambientes e os lares.
Quero também deixar, como as vidraças,
encher-me de luz e calor, de vida e de Sol!

Somos transparentes e frágeis como os vidros.
Podemos deixar Deus penetrar em nosso ser,
como o Sol na vidraça da janela.
Mas somos frágeis!

Podemos escrever em nossos ombros:
"Cuidado: vidros!" "Frágil!" "Não tombar!"
Somos quebradiços, fracos e frágeis,
mas podemos, como os vidros, refletir a luz de Deus!

CANSI, Bernardo. *É tão fácil ser feliz!*, São Paulo, Paulinas, 1995. 10. ed. p.151.

As cavernas iluminadas

A luz é um dos mais fortes símbolos da crença humana na existência, na presença e na proteção de Deus.

Desde a pré-história, quando os primeiros seres humanos aprenderam a fazer fogueiras nas cavernas, perceberam que o fogo era como um espírito protetor, que trazia calor e luz. Assim, libertaram-se do medo de animais ferozes que entravam na caverna durante a noite. Com a luz do fogo, eles se sentiram seguros e protegidos.

As tradições religiosas até hoje usam a luz como símbolo de fé.

Atividade

Não economize suas capacidades artísticas.

Também não se preocupe, esta não é uma tarefa de pré-escola. Os artistas famosos, de todas as idades, vivem mexendo com todo tipo de material que possa comunicar as experiências e sentimentos mais intensos.

Você pode começar recortando em seu desenho os vidros das janelas.

Depois cole papel celofane de várias cores.

Dobre a cartolina de modo que a parede se mantenha em pé.

Comunicação

Em círculo, aprecie e admire a arte dos colegas e exponha a sua.
Dialogar:
Por que a religião pode ser comparada com uma janela aberta para a luz?

Olharei para ti

Ó Grande Rei, em teu paço deserto
mostra-te por um momento.
Tu me levarás lá, só a mim,
pelos caminhos de todas as luzes,
à tua luz, caminho de todos.
Ó Divindade,
entrei em teu templo,
junto a outros peregrinos da terra,
quando, na hora da oferenda,
as portas estavam abertas.

Quando, apagadas as lâmpadas,
teus adoradores se forem
por diferentes caminhos
e as portas se fecharem:
na quietude das trevas,
coloca-me a teus pés.
Empunhando a lâmpada da única vida,
esquecendo-me do mundo,
só olharei para ti.

TAGORE, Rabindranath. *Noibeddo oferta.* São Paulo, Paulinas, 1996. p.66.

Igreja da Reconciliação, centro ecumênico de Taizé, França.

Reunir os familiares, apagar a luz e colocar a janela colorida diante de uma lâmpada ou vela. Conversar sobre o significado da religião na vida.

3.2 – O mistério do príncipe iluminado

Objetivo

Compreender que as grandes tradições religiosas nasceram quando as pessoas começaram a entender além daquilo que era visível e palpável.

Material

Uma folha de cartolina ou papel pardo e pincel atômico.

Você já pensou... um príncipe, e como se não bastasse, também iluminado! Quem consegue ser tudo isso?

Não se decepcione. As duas coisas são possíveis. Todo ser humano tem dignidade de príncipe e de princesa. E as atitudes para ser "iluminado" também não são coisas tão estranhas. Ao contrário. Basta ser "ser humano" com todos os seus dons, capacidades, sentimentos, inteligência, liberdade e amor.

O príncipe iluminado

Durante o século VI a.C., ao sopé das montanhas do Himalaia, na planície do rio Ganges, na Índia, vivia uma tribo fiel à tradição religiosa hinduísta. Eram os Sakyas. Seu chefe, um rei regional, chamava-se Suddhodhana Gautama.

O rei teve um filho, o príncipe Sidhartha Gautama. Vendo-se no palácio do pai, rodeado de todos os cuidados e regalias, ele não entendia por que outras crianças viviam maltrapilhas nas ruas e não podiam entrar para brincar com ele.

Desde pequeno estudou a tradição religiosa nos Vedas, os livros sagrados do hinduísmo, que lhe eram explicados por sábios mestres brâmanes. Mas o príncipe não encontrava nos Vedas a resposta para suas perguntas sobre a diferença que via entre as pessoas. Enquanto ele vivia muito feliz, outras pessoas morriam, eram escravizadas e viviam abandonadas e famintas pelas ruas.

Quando se tornou jovem, o príncipe passou a sair todos os dias do palácio e a caminhar pelo mercado, onde se juntavam os doentes, pedintes e sofredores. Ele observava a todos e se perguntava sobre o sentido da vida daquelas pessoas.

O Buda dourado, em Kioto, Japão.

Ao tornar-se adulto, o príncipe Sidhartha Gautama casou-se, mas, mesmo assim, sentiu que não era completa sua felicidade. Resolveu então deixar o palácio e fazer uma peregrinação solitária, na esperança de entender a existência do sofrimento na vida de algumas pessoas, enquanto outras tinham direitos e privilégios. Deixou a esposa e o filho recém-nascido, e partiu, vestido de mendigo, para uma vida silenciosa. Queria viver como viviam os mais desprezados da sociedade.

Após sete anos de meditação, enquanto estava sentado sob uma figueira, subitamente ele compreendeu que o sofrimento não é a vontade de Deus, mas é o resultado das ações erradas das pessoas, que prejudicam aos outros ou a si mesmas. Compreendeu também que Deus quer a felicidade de todos, e que cada um pode ajudar os outros a serem felizes. Aquela noite chamou-se noite sagrada, porque o príncipe obtivera a chave para compreender toda a realidade da vida. Ele tornou-se assim um Buda, isto é, um iluminado.

Mais tarde, muitas pessoas seguiram o exemplo do príncipe e o budismo tornou-se tradição religiosa. Os budistas procuram viver a bondade, a justiça e a solidariedade nos relacionamentos, para ajudar a todos os seres vivos a serem felizes.

O livro sagrado do budismo chamase Tripitaki, que significa "Os três cestos da sabedoria". Nele estão contidos ensinamentos que iluminam a vida das pessoas e as ajudam a construir o bem e a felicidade.

Crianças e jovens indianos.

O caminho para ser iluminado, na tradição religiosa budista, é respeitar todos os seres vivos.

- A verdadeira crença, crer na verdade e orientar-se por ela.
- A verdadeira decisão, jamais agredir nenhum ser vivo.
- A verdadeira palavra, jamais mentir nem difamar ninguém.
- O verdadeiro comportamento, nunca roubar, matar ou fazer algo escondido.
- A verdadeira ocupação, a honestidade sem engano e sem falsidade.
- O verdadeiro esforço, procurar sempre o bem e afastar-se do mal.
- A verdadeira contemplação, ter calma e serenidade sem se alterar.
- A verdadeira concentração, a paz de estar no caminho certo.

Atividade

Você pode iluminar o grupo e também acolher a luz de quem dialoga com você:

- O que existia no mundo do príncipe Sidhartha Gautama, que continua existindo até hoje?
- Em nossos dias, quais as atitudes que mais faltam para que as pessoas se tornem "iluminadas"?

Seu grupo pode escrever as conclusões ao lado dos demais grupos, na folha que está fixada na parede.

Para casa

Durante as próximas semanas, você e seu grupo podem entrevistar crianças, jovens, adultos e pessoas idosas sobre:

- Como deveria ser a família para todos serem felizes?
- Como deveria ser a saúde para todos serem felizes?
- Como deveria ser o trabalho para todos serem felizes?
- Como deveria ser o meio ambiente para todos serem felizes?

Cada grupo trabalha somente com uma pergunta.

Você pode trazer algumas balas, bombons, biscoitos ou chicletes para serem compartilhados com a turma, na próxima aula.

Grande lance!

Criar e dramatizar uma pequena peça de teatro sobre uma das atitudes do budismo para se tornar um iluminado.
Assistir ao filme *O pequeno Buda*, de Bernardo Bertolucci.

3.3 – A receita da sopa de pedras

Objetivo

Conhecer a dimensão religiosa da vida cotidiana, quando é compartilhada e solidária.

Material

Os alimentos que foram trazidos por todos, uma cestinha para colocá-los.
Material para escrever as conclusões da comunicação.
Aparelho de som e CD.

Você tem irmão ou irmã menor?

Como você se sentiria se os adultos da família dessem presentes a você todos os dias, e não se lembrassem nem sequer de alimentar seu irmão ou irmã menor?

A sopa de pedras

Em uma pequena aldeia, em algum lugar distante, no passado, houve uma forte seca e grande parte das plantações foram perdidas. Os mantimentos daquele ano estavam quase no fim e a colheita nova não seria suficiente para o ano seguinte.

Todas as famílias tinham medo da fome e cada uma guardava em casa o pouco que ainda possuía para comer.

Um dia, um velhinho forasteiro chegou ao centro da aldeia. Fez uma fogueira, colocou sobre ela um caldeirão e começou a ferver água. Depois,

foi acrescentando pedras que juntava pelos arredores.

Uma criança o viu naquela estranha atividade e veio ver o que estava acontecendo.

– O que está fazendo? – perguntou.

– Uma sopa de pedras! – respondeu o velhinho. E acrescentou: –Mas ainda está faltando alguma coisa. Quer provar?

A criança provou, com curiosidade, e sentiu que de fato alguma coisa ainda faltava. Depois, sem dizer nada, saiu correndo. Em poucos minutos estava de volta e trazia uma batata na mão. Com um sorriso, ofereceu: – Tome esta batata. Vai dar um gosto bom a sua sopa.

Depois daquela, outras crianças chegaram, saíram e voltaram, cada uma trazendo uma coisa pequena, nas pequenas mãos, mas sempre com grandes sorrisos nos rostos curiosos.

No fim, o cozinheiro anunciou que tudo estava no ponto para ser saboreado. Cada um correu em casa, pegou seu pratinho e colher e todos sentaram-se ao redor da fogueira e saborearam a gostosa sopa.

Quando todos ficaram satisfeitos o velhinho recolheu a panela, despediu-se e seguiu viagem. As crianças, então, voltaram para casa e contaram às mães: “Agora não temos mais medo da fome, porque hoje nós aprendemos a fazer sopa de pedras”.

Conto infantil popular

A partilha é um valor que nos torna “mais gente”

O que significa ser “mais gente”? Podemos aumentar a “dose” de “gente” dentro de nós mesmos?

Podemos sim. Os animais partilham o alimento com os filhotes, porque são movidos pelo instinto. Mas um bando adulto muitas vezes briga quando o alimento não é suficiente para todos.

Nós, seres humanos, não somos guiados pelo instinto. Somos inteligentes, livres e capazes de amar.

Com a inteligência, entendemos que todos têm direito aos bens que conservam a vida. Com a liberdade, deci-

dimos repartir aquilo de que não precisamos e que falta para outros. E com a sensibilidade descobrimos que a partilha nos leva a amar e a ser amados e felizes. Portanto, somos livres e capazes para nos tornar "mais gente".

Campanha contra a fome, no Rio Grande do Sul.

Atividade

Você pode colocar na cesta a surpresinha que trouxe para compartilhar.

Agora a cesta pode circular de mão em mão, para que cada um possa servir-se.

Comunicação

Enquanto todos saboreiam o que foi compartilhado, ler o conto "A sopa de pedras" e comentar:

- O que mais nos chama a atenção no conto?
- Quais os sentimentos que experimentamos ao colocar na cesta o que trouxemos, e depois, ao nos servirmos de alguma coisa da cesta?

Fazer uma ressonância, isto é: cada um pode repetir uma palavra ou uma frase de um colega que mais lhe chamou a atenção durante o diálogo.

Para ouvir e cantar:

Terra nova

Quero ver meu povo inteiro
vivendo em liberdade
numa terra nova
onde a base é a igualdade.

Nesta terra renovada lugar de fraternidade
o amor governará com justiça e caridade.

O irmão se preocupa com o irmão
nesta terra aprendeu-se a repartir.
Todos servem, vivem numa grande paz
e a dor é coisa que não existe mais.

O operário já não vive de salário.
A palavra agora é repartir.
Busca mesmo é com o seu trabalho
os seus dons no dia-a-dia dividir.

Zé Martins – CD *Certeza* – Paulinas/COMEP

Para casa

Trazer para a próxima aula os resultados das entrevistas que foram feitas sobre o que é necessário para ser feliz: na família, no trabalho, na saúde e no meio ambiente.

Selecionar em casa os brinquedos e outras coisas que você não usa mais. Formar um grupo de colegas e levar tudo a um local onde haja crianças carentes.

3.4 – O segredo do doutor Zaratustra

Objetivo

Compreender que o ser humano encontra o sentido transcendente da vida nas experiências que humanizam a si mesmo e à sociedade.

Material

Resultado das entrevistas feitas com várias pessoas sobre como deveriam ser a família, a saúde, o trabalho e o meio ambiente, para que todos sejam felizes.

Você sabe: segredos são preciosidades que guardamos com cuidado e revelamos só a pessoas de nossa confiança.

Mas existem certos segredos que, ao serem revelados, tornam-se grandes benefícios e melhoram a vida de muitas pessoas.

Zoroastrismo, Deus quer a felicidade de todos

Detalhe de um bracelete de ouro da antiga Pérsia, encontrado perto do rio Óxus, no atual Cazaquistão.

Na antiga Pérsia – atual Irã –, provavelmente há 2.700 anos, nasceu um menino que se chamou Zaratustra. Ele cresceu e foi educado com os melhores mestres nas tradições e crenças do país. Desde jovem, muito o impressionavam o sofrimento e o abandono daqueles que não tinham condições de sobrevivência. Resolveu, então, tornar-se médico e atender aos pobres e mendigos que morriam abandonados nas ruas. Quando concluiu o curso de medicina, deixou a casa paterna e passou muitos anos peregrinando de cidade em cidade, socorrendo os abandonados.

Em seu longo convívio com os que sofriam, doutor Zaratustra observou que as pessoas pensavam que demônios as mantinham presas ao sofrimento. Após longos anos de reflexão e estudo, ele resolveu dirigir-se ao palácio real. Lá, durante três dias, discutiu com inúmeros magos que cercavam o rei e convenceu muitos, inclusive o próprio soberano, de que a crença em espíritos maus trazia tristeza e morte para o povo, e que deveria existir um deus diferente, bom e justo, que protegesse a vida de todos.

O rei, então, nomeou o médico Zaratustra como seu ministro e ele organizou serviços sociais, revelando às pessoas que as doenças não eram causadas por demônios, mas pela falta de higiene, ou pela desnutrição, e que era preciso resolver esses problemas, em vez de temer os maus espíritos.

Ele ensinou ao povo persa uma nova tradição religiosa, o zoroastrismo, que deriva da tradução grega de seu nome: Zoroastro. O livro sagrado do zoroastrismo é o Avesta, que ensina as pessoas a tratarem os outros com respeito e solidariedade e diz que a vida eterna é para todos, e que para merecê-la é necessário praticar o bem e evitar o mal.

O Avesta ensina amor e respeito para com todos

- Viver sempre a sinceridade e nunca a falsidade.
- Não alimentar pensamentos maldosos, mas pensamentos puros.
- Ajudar os necessitados.
- Cultivar a terra e plantar árvores.
- Criar animais domésticos e não agredir os animais.
- Instruir e educar as pessoas que não podem freqüentar os mestres.
- Cuidar do asseio pessoal, das casas e dos ambientes públicos.

Atividade

Seus dons para representar estão prontos a entrar em cena?

Então agora, pode reunir-se com seu grupo que fez as entrevistas sobre um dos quatro temas e preparar uma pequena peça teatral que comunique o resultado das entrevistas.

- Criar uma cena de família, de trabalho, de meio ambiente ou de saúde.
- Escrever o roteiro e ensaiá-lo.

Comunicação

Cada grupo apresenta sua peça.

Para casa

Trazer o necessário para fazer uma festinha na sala.

Analisar revistas em quadrinhos e ver se as histórias trazem mensagens semelhantes ou contrárias ao ensinamento do Avesta e de outras tradições religiosas.

Uma festa no jardim

Objetivo

Conhecer o sentido que as tradições religiosas dão à vida e à morte.

UNIDADE IV

4.1 - As festas dos orixás

Objetivo

Conhecer o aspecto celebrativo e festivo que as tradições religiosas atribuem ao mundo transcendente.

Material

O necessário para a festinha.

Procure imaginar a festa que seria o nosso mundo se as pessoas conseguissem viver o amor, o respeito, a solidariedade, a partilha e todas aquelas atitudes que nos fazem ser "mais humanos" e "mais gente".

É muito difícil viver sempre assim. Somos frágeis. Queremos fazer coisas boas, mas muitas vezes nosso egoísmo nos domina.

Uma coisa, porém, é certa: podemos nos libertar e transformar o mundo em um lugar de felicidade e vida para todos. Parece um sonho, uma coisa impossível. Mas as tradições religiosas ensinam que Deus tem um mundo assim, preparado, como uma surpresa para nós.

Veja a forma festiva como as tradições religiosas afro-descendentes celebram a crença nos orixás.

As festas dos orixás

As festas dos orixás, também chamadas festas de Odum, variam de um terreiro para outro; algumas têm datas fixas e outras não, mas todas elas são celebrações que fazem memória da tradição religiosa sobre cada um dos orixás. São reuniões alegres, com fartura de alimentos, cantos e danças, nas quais as pessoas compartilham

aquilo que a terra produz, com a bênção dos orixás, para alimentar todos os seres vivos.

A celebração de Oxóssi, deus da caça, tem danças e gestos que representam uma caçada na floresta.

Deve-se lembrar que as tradições religiosas africanas nasceram há muitos séculos, quando não existia o problema da extinção de algumas espécies animais e a caça não era predatória. Aliás, os povos que vivem na floresta sempre respeitaram a natureza. Eles caçam os animais não por prazer de matar, nem para aprisioná-los, mas somente para alimentar-se, na medida necessária.

Na festa de Xangô, orixá dos raios e trovões, suas mulheres, Iansã, orixá dos ventos e tempestades; Oba, orixá dos combates e Oxum, orixá do amor e da riqueza, participam da cerimônia. O mito de Xangô e Iansã é revivido quando Xangô dança com uma panela cheia de fogo na cabeça e Iansã briga com ele pela posse do fogo.

Ritual festivo do candomblé.

A festa de Oxalá, o pai criador, começa com uma preparação. Durante dezesseis dias são feitos os rituais de obrigações das "Águas de Oxalá", revivendo os banhos de Oxalá quando saiu da prisão de Xangô.

Outras festas são realizadas para Iemanjá, orixá das águas salgadas; Obaluaiê, orixá das doenças; Nanã, orixá da chuva; Oxumaré, orixá que leva a água da terra para o céu e para os outros orixás. Todas têm danças, músicas, cantos, rituais e comidas especiais, e acabam com um banquete de confraternização para todos os que participaram.

O mundo transcendente é como uma festa

Várias tradições religiosas ensinam que após a morte as pessoas continuam vivendo no mundo transcendente, que é melhor e mais feliz do que o mundo histórico no qual vivemos. É muito difícil falar daquilo que ainda não se conhece completamente. Então, a linguagem religiosa usa comparações como a do banquete e da festa.

Desde a pré-história, tempo em que os clãs estavam descobrindo a dimensão transcendente da vida humana, já havia banquetes rituais. As pessoas faziam ofertas aos espíritos e depois comiam os alimentos ofertados, como se estivessem participando da mesa do mundo transcendente.

Até hoje a refeição ritual tem um sentido semelhante.

No judaísmo, toda sexta-feira à noite a família se reúne para a refeição do Shabat, palavra que significa repouso festivo em comunhão com Deus e com toda a natureza.

Nas tradições religiosas cristãs também se faz a Ceia do Senhor, na qual a comunidade reúne-se em torno do altar, que é uma mesa simbólica, e revive a última refeição que Jesus Cristo fez com seus discípulos.

Na Bolívia há uma interessante tradição que une a fé cristã e as crenças indígenas do povo: no dia de Finados, as famílias preparam os melhores alimentos, colocam toalhas bonitas, pratos e copos sobre os túmulos das pessoas queridas e lá fazem a refeição festiva e passam o dia, em comunhão com os antepassados.

Os budistas também colocam comidas nos túmulos de seus mortos e nos altares dedicados aos antepassados.

Distribuição de alimentos na Festa do Divino, em São Luis do Paraitinga (SP).

Atividade

Você pode reunir-se a seu grupo e assumir uma das tarefas seguintes para organizar a festa: decoração da sala; mesa para o lanche a ser partilhado; música.

Comunicação

Em círculo, dialogar:

- O que sentimos ao participar de uma festa?
- A festa nos lembra a vida após a morte? Em quê?

Para casa

Nesta semana você pode reunir-se a um grupo de colegas, convidar uma ou mais pessoas adultas e fazer uma visita a um cemitério.

Anotar as coisas que mais lhe chamem a atenção, especialmente as mensagens escritas nos túmulos.

Trazer para a sala fotografias de festas familiares. Contar aos colegas sobre os momentos festivos de sua família.

4.2 – O túnel secreto do rio

Objetivo

Conhecer como o ser humano encara a morte e constatar sua dimensão de mistério e, ao mesmo tempo, as esperanças e crenças sobre a imortalidade.

Material

Resultado da visita ao cemitério: apontamentos de coisas que chamaram a atenção.

Você já sofreu com a morte de uma pessoa querida? Ou talvez de um animalzinho que era seu companheiro e amigo?

Procure lembrar o que você sentiu naquela ocasião.

A morte do primeiro Carajá

No começo dos tempos os Carajás eram um povo aquático.
A tribo vivia feliz no fundo do rio Araguaia.
Um dia, alguns jovens valentes foram muito longe e descobriram que o rio passava por dentro de um misterioso túnel.

Ao entrarem por ele, os índios descobriram a terra
e ficaram maravilhados: árvores e relva, animais pequenos e grandes, riachos e cascatas formavam uma bela paisagem, muito mais iluminada e colorida do que o fundo do rio.

Ao voltarem para a tribo, os jovens convidaram todos a se aventurarem pelo túnel secreto e mudarem-se para aquela terra encantada.
No dia em que a tribo subiu para a terra,
as crianças correram pela floresta, subindo nas árvores e provando de todas as saborosas frutas que encontravam.

Mas um menino encontrou o urucum seco, que é um fruto venenoso.
Comeu-o e ficou muito doente.
O velho pajé da tribo não sabia o que fazer, porque no fundo do rio nunca havia existido doença.
Então o garotinho morreu e todos ficaram muito assustados, porque ele era o primeiro Carajá que morria.

Os jovens valentes, muito angustiados, jogaram-se ao rio à procura do túnel secreto, para guiarem a tribo de volta para casa.
Mas ele nunca mais foi encontrado.

Tradição oral da tribo Carajá, que vive no Pará, às margens do rio Araguaia.

Urna funerária, procedente da Ilha de Marajó (PA). Museu Paulista, SP.

Na origem, a vida foi livre e feliz

Os mitos e comparações usados pelas tradições religiosas para entender o sentido da vida são muito variados e belos. Eles parecem impossíveis e até ingênuos e ultrapassados. Mas, na verdade, usam linguagens e personagens diferentes para dizer sempre a mesma coisa: no começo, a vida era livre e feliz. O mundo e o ser humano tiveram uma origem de felicidade e depois entraram neste mundo que tem sofrimento e morte. Mas a vida é um caminho de volta para aquela felicidade da origem.

Cemitério budista no Japão.

Os povos de Uganda, na África, contam que no princípio Deus tinha três nomes: Nzamé, Meberé e Nkwa. Deus criou o céu, a terra e os animais e tudo era como um belo e grande jardim. Mas faltava alguma coisa. Então, criou o homem e o colocou como dono do jardim. O homem ficou maravilhado e disse a Deus: Muito obrigado!

Os povos de Togo, na África, contam que no princípio a vida era feliz e a morte não existia. Mas um dia um jovem caçador encontrou a morte vagando pela floresta. Ela era um gigante horroroso que devorava as pessoas. A tribo daquele jovem reuniu-se e incendiou o gigante. Então as cinzas do gigante, salpicadas sobre os ossos das pessoas que ele havia devorado, fizeram com que todas elas voltassem à vida.

Comunicação

Em círculo, você pode comunicar a sua opinião sobre:

- o que cada um observou e anotou durante a visita ao cemitério;
- a lenda dos índios Carajás.

Para casa

Você e seu grupo querem fazer uma pesquisa?
Pesquisar o processo de metamorfose da lagarta em borboleta.
Preparar cartazes com ilustrações que mostrem esse processo.

Escrever sobre:

- os limites da lagarta;
- as possibilidades da borboleta.

Assistir ao filme *Ghost – do outro lado da vida*, e observar qual o conceito de vida após a morte expresso na história.
Pesquisar sobre mitos que falem da origem do mundo e do ser humano.
Construir uma maquete que represente a idéia principal dos mitos.
Por exemplo: um jardim.

4.3 – Será que a lagarta sonha ser borboleta?

Objetivo

Refletir sobre a realidade da morte e a esperança de sobrevivência que atrai o ser humano.

Material

Retalhos de papel colorido e de cartolina, lápis, tesoura e cola.

Cartazes preparados pelos grupos, sobre a metamorfose da lagarta em borboleta.

Você já sonhou que estava voando ou tentando voar?
Nós seres humanos sonhamos muito, dormindo ou acordados.
Algumas vezes, nosso sonho pode parecer impossível, mas na verdade não é.
Talvez os animais, e menos ainda os insetos, não sonhem, mas, e se sonhassem?

Sonhos... impossíveis (?)

A lagarta se arrasta pelo chão.
Será que ela sonha voar
por cima das árvores?

A lagarta não se solta do galho
onde está, porque teme cair.
Será que ela sonha fazer
uma dança no ar
sem se apoiar em nada?

A lagarta rói folhas.
Será que ela sonha provar
o néctar das flores?

A lagarta é cinza, verde, marrom...
Será que ela sonha ser
cheia de desenhos multicores?

A lagarta não sabe
que um dia será borboleta.
Mas... não será isso mesmo
que ela sonha?

Na mitologia escandinava, as valquírias recolhem os corpos dos guerreiros mortos no campo de batalha e levam-nos para o deus Odin. (As Valquírias. Willian T. Maud).

Reencarnação ou ressurreição, duas formas de entender a entrada no mundo transcendente.

As tradições religiosas cristã e islâmica crêem na ressurreição, isto é: a pessoa nasce e morre uma única vez e, após a morte, se a pessoa quiser, Deus completa aquilo que faltava para ela chegar à felicidade do mundo transcendente.

A crença de outras tradições religiosas, como o budismo e o bramanismo, fala de reencarnação: a pessoa nasce, vive, morre e torna a nascer tantas vezes quantas sejam necessárias para que ela chegue por si mesma à perfeição e possa entrar para sempre na felicidade do mundo transcendente.

Estas são as duas formas principais de compreender a vida após a morte. Mas uma coisa é igual nas duas crenças: a morte não tem um caráter negativo, mas é uma etapa da vida e faz parte do caminho para a felicidade completa.

Atividade

Com as folhas coloridas você pode mostrar suas habilidades de artista plástico: criar borboletas de vários formatos e tamanhos e decorar a sala com elas.

Comunicação

Em círculo dialogar sobre o resultado da pesquisa de grupo:

- Quais os limites da lagarta que são superados pela borboleta?
- Em que aspectos a lagarta e a borboleta lembram a morte e a vida depois da morte?

Para casa

Pesquisar: o que as tradições religiosas falam sobre o jardim e o paraíso terrestre?

Na próxima aula, a turma poderá fazer uma visita a um jardim, parque ou praça, ou mesmo ao pátio do colégio, onde haja árvores ou flores.

Fazer um quadro à mão ou, no computador, representando o jardim de seus sonhos. Usá-lo para decorar seu quarto.

4.4 – As borboletas vivem no jardim

Objetivo

Conhecer a revelação das tradições religiosas sobre o sentido e o destino do mundo e do ser humano.

Material

O resultado da pesquisa sobre o jardim e o paraíso terrestre.

Você sabe por que as pessoas pensam em um jardim quando querem falar sobre sua esperança na vida após a morte?

Porque para haver um jardim é preciso haver terra e água. E não existe vida sem a terra e sem a água. Logo, podemos ver que é dentro da vida e da realidade visível que nós nos sentimos atraídos por Alguém que não vemos, mas que reconhecemos pelos sinais, da mesma forma como não vemos as imagens voando no ar, mas as captamos em nosso computador.

O jardim do Grande Espírito

Quando o Grande Espírito criou o céu e a terra,
encheu os prados de animais que corriam e saltavam
e povoou as florestas de pássaros, borboletas e libélulas.
As flores abriam-se nas árvores e nos arbustos,
perfumando o ar e atraindo as abelhas que delas tiravam o doce mel.

Mas o Grande Espírito não ficou satisfeito. Sentia como que uma falta, uma saudade de alguém que ainda não estava ali.
Ele então fez um círculo com grandes pedras, bateu palmas
e as pedras moveram-se e começaram a caminhar,
transformadas em homens e mulheres.

O Grande Espírito lhes disse: "Criei vocês, porque sozinho eu estava entediado. Quero que fiquem sempre comigo. Vivam felizes, não façam o mal a ninguém nem a nada e eu me alegrarei com vocês".

Tradição oral indígena do Equador.

O jardim dos deuses

É muito comum as tradições religiosas usarem a imagem do céu ou do jardim para falar do mundo transcendente.

Na Grécia antiga acreditava-se que o Olimpo fosse um jardim maravilhoso onde viviam deuses e deusas.

A segunda parte da Bíblia, o Segundo Testamento, compara o mundo novo no qual Deus acolhe os ressuscitados, com uma bela praça regada por um rio em cujas margens crescem árvores frutíferas.

Os índios Guaranis do Brasil crêem que a vida após a morte é a chegada à Ilha Sem Males: um jardim de harmonia e felicidade que se encontra em algum ponto do mar além do horizonte.

O herói recebido no Olimpo. Pintura de Jean-Baptiste Pierre (Museu de Belas Artes de Orleans, França).

Comunicação

Em um jardim, parque ou praça ou mesmo no pátio do colégio, apresentar o resultado da pesquisa sobre o que as tradições religiosas falam do jardim e do paraíso terrestre.

Cultivar seu jardim em casa, no quintal ou em vasos. Explicar às pessoas o significado do jardim na vida humana.

Avaliação periódica, a critério do professor ou da escola

- Recordar como foram feitas as avaliações, tanto nos anos anteriores como durante este ano.
- Podemos escolher a forma de avaliação que julgarmos mais adequada e que mais nos ajude a expressar aquilo que sentimos, tanto nos aspectos que foram bons, como naqueles que poderemos melhorar.
- Podemos escolher algumas dessas sugestões, ou criar outras.

Avaliar:

- a participação de cada pessoa;
- as atitudes que cada um conseguiu viver;
- as sugestões deste livro, se foram válidas ou não, se foram muito complicadas ou não;
- quais as atitudes concretas que a turma conseguiu assumir;
- quais as atividades que mais agradaram e que podem continuar no ano seguinte;
- quais as atividades que não funcionaram e por quê;
- se houve momentos de desinteresse geral, desordem, confusão;
- quais os motivos das desordens;
- como cada um se sentiu na turma;
- como a turma sentiu a presença do educador;
- quais as sugestões novas para o ano que vem.

Os resultados da avaliação podem ser escritos, e as sugestões ou resoluções para o ano que vem, guardadas para serem levadas em conta no próximo ano.

Síntese do ano

Estamos chegando ao fim de mais um ano, no qual convivemos e partilhamos nossa experiência, construindo assim o conhecimento, e adquirindo convicções e atitudes que nos transformam em pessoas conscientes e capazes de fazer este mundo ser melhor.

Vamos agora partilhar:

- O que me lembro, de tudo o que conhecemos e dialogamos durante o ano?
- O que vai ficar para minha vida?
- Neste ano, adquiri alguma atitude nova?

- Como eu via a mim mesmo, a minha família, o mundo... no começo deste ano, e como vejo agora? Alguma coisa mudou?
- Nosso conhecimento do mundo e da vida, por meio das aulas de Ensino Religioso deste ano, ajudou-me a pensar no que poderei fazer no futuro em benefício da vida?
- A partir do que dialogamos, como poderíamos sintetizar a experiência deste ano?
- Quais as nossas esperanças e expectativas para o ano que vem?

Caso não seja possível, não é preciso conversar sobre todas as sugestões acima. Podem ser escolhidas algumas que a classe considere mais importantes.

Preparação da confraternização

Recordar:

Como foi nossa confraternização do ano passado?

E as dos outros anos?

Podemos fazer algo semelhante?

Combinar:

- Nossa confraternização será somente de lazer?
- Terá alguma apresentação dos resultados de nosso trabalho?
- Seremos só nós?
- Convidaremos nossos familiares ou amigos?
- Será realizada aqui no colégio?
- Poderá realizar-se em outro lugar?
- Participaremos somente daquilo que o colégio inteiro promover?
- Poderá haver alguma cerimônia religiosa, como uma celebração ou algo semelhante?

Montar as equipes responsáveis para cada uma das resoluções tomadas.

GLOSSÁRIO

Antepassados – pessoas já falecidas que são veneradas pelas suas famílias. Os descendentes acreditam que os espíritos dos antepassados, que vivem no mundo transcendente, podem protegê-los, ajudá-los e guiá-los. Usa-se também a expressão para falar de gerações passadas de modo geral, como antepassados do gênero humano.

Banquetes rituais – ritos de várias tradições religiosas nos quais as pessoas compartilham entre si os alimentos que foram ofertados aos deuses, aos espíritos ou aos orixás. É uma forma de simbolizar a comunhão com o mundo transcendente.

Budismo – doutrina e prática da tradição religiosa fundada por Shidharta Gautama, um príncipe indiano que, ao chegar ao estado de iluminação e compreensão da vida humana e do transcendente, passou a ser chamado Buda, que significa Iluminado.

Cristianismo – doutrina e prática das Igrejas cristãs que se originaram da vida, pregação, morte e ressurreição de Jesus Cristo, conforme as narrativas no Segundo Testamento, parte da Bíblia que fundamenta o cristianismo.

Dia de finados – dia em que a Igreja Católica recorda as pessoas que faleceram e reza por elas com mais intensidade. As pessoas visitam os cemitérios, acendem velas e colocam flores, como símbolo de que acreditam que seus entes queridos continuam vivos no mundo transcendente.

Dignidade – palavra normalmente usada quando a pessoa possui um cargo ou título. Mas todo ser humano tem dignidade e merece respeito, pelo simples fato de existir.

Espíritos – algumas tradições religiosas tribais, do passado e de hoje, crêem nos espíritos dos antepassados, que continuam vivos e podem comunicar-se com os descendentes por meio de sonhos. Outras crêem também nos espíritos totêmicos, isto é: nos animais fortes e grandes que protegem a tribo ou o indivíduo.

Harmonia interior – estado de tranqüilidade, paz e uma certa concentração constante, que permite que a pessoa enfrente as dificuldades do dia-a-dia sem se desequilibrar, irritar-se intensamente, sofrer angústia ou magoar e agredir as pessoas com quem convive.

Homo sapiens – expressão latina que significa "espécie humana inteligente". Refere-se aos seres humanos que viveram no último período da pré-história e deram origem aos nossos antepassados e a nós. Por isso nós também somos definidos como *Homo sapiens*.

Imortalidade – crença de que os deuses e espíritos não sofrem as conseqüências da morte e que os seres humanos também, ao passarem pela morte, entram no mundo da imortalidade, como se a morte fosse uma porta de passagem.

Infinito – algo que não tem fim nem limite.

Instinto – espécie de programação genética que o animal recebe de sua espécie para comportar-se de determinada maneira, sem para isso precisar de aprendizado. Também o ser humano tem algumas atitudes instintivas, como por exemplo a criancinha que logo após o nascimento começa a mamar, age pelo instinto de sobrevivência.

Islamismo – doutrina e prática dos muçulmanos ou islamitas, ou ainda maometanos. A palavra Islã, em árabe, significa submissão. O ser humano deve ser submisso ao destino que Deus lhe traçou.

Megálitos – grandes pedras que até hoje permanecem nos locais onde foram colocadas há milhares de anos, para marcar lugares sagrados, como túmulos ou locais onde se fazia o ritual religioso.

Mistério – algo secreto, desconhecido ou reservado, que não pode ser revelado ou que não está ao alcance da inteligência humana, ou ainda, que é reservado ao conhecimento de poucos, como por exemplo, as tradições religiosas de mistério da antiguidade grega e romana.

Mitologia – conhecimento dos mitos, que são histórias fantásticas cujos personagens são deuses, espíritos, elementos da natureza e seres humanos. Os mitos são uma linguagem simbólica que tenta responder as mais importantes perguntas humanas: a origem da vida e das coisas, o sentido e o destino da vida, o sentido da morte e do sofrimento e o que existe após a morte.

Orixás – entidades das tradições religiosas de origem africana, como deuses menores, que protegem a vida humana por meio dos elementos da natureza, como a água, o fogo, as árvores ou as plantas medicinais.

Pergaminho – material antigo de escrita originado da cidade de Pérgamo. Era feito de couro de animal curtido e preparado para esta finalidade.

Sagrado – local, objeto ou linguagem reservados para a comunicação com o transcendente.

Segundo Testamento – mais conhecido como Novo Testamento, é a segunda parte da Bíblia, que se refere a Jesus Cristo e ao começo do cristianismo.

Símbolo – algo que representa e faz lembrar outra coisa, como por exemplo: um coração faz lembrar o amor, a água faz lembrar a possibilidade de vida de todos os seres, e assim muitas outras coisas. Os símbolos religiosos representam as crenças e os ensinamentos de cada tradição religiosa, como: a luz que lembra a existência e a presença de Deus ou o círculo que lembra a imortalidade.

Tradição oral – crenças e ensinamentos de um povo que são comunicados de uma geração para outra por meio de mitos, histórias, sagas, lendas e formam a cultura e a identidade daquele povo. Em geral, têm um conteúdo religioso.

Tradições religiosas africanas – tradições religiosas tribais dos povos da África. As tradições religiosas chamadas afro-descendentes são as tradições sagradas que foram trazidas pelos africanos para cá durante o período do tráfico de pessoas escravizadas. Depois, as gerações seguintes as mantiveram com respeito e fidelidade, e elas sobrevivem até hoje.

Tradições religiosas escritas – conjunto de ensinamentos, ritos e decálogo de conduta que se encontram nos escritos sagrados de determinado povo e cultura.

Tradições religiosas indígenas – tradições religiosas tribais das nações e tribos indígenas, do Brasil ou de outros países, especialmente da América Latina.

Tradições religiosas tribais – conjunto de tradição, costumes e ritos das tribos que não possuem escritos sagrados, e mantém sua identidade pela tradição oral. São as formas mais antigas de tradição religiosa, mas existem até hoje em muitas regiões do mundo.

Transcendência – é o fato de transcender, de ser transcendente, por exemplo: Deus é transcendente em relação ao ser humano.

Transcendente – algo que transcende, isto é, está para além, é mais amplo, não cabe dentro. Pode-se comparar com a linguagem em relação a uma criancinha de um mês de idade. Ela ainda não é capaz de falar a linguagem de seu povo. A linguagem é transcendente em relação à capacidade da inteligência da criança, mas no futuro com certeza ela falará. Porém, não é a linguagem que irá diminuir, é a inteligência da criança que irá desenvolver seu potencial. A palavra transcendente, de modo geral é usada somente em relação ao mundo dos mistérios das crenças religiosas, isto é, à existência de seres e realidades que as capacidades humanas ainda não conseguem captar, mas o conseguirão quando forem libertadas de seus limites após a morte.

Vida histórica – é a vida de cada indivíduo antes da morte, isto é, dentro do tempo, da história. As tradições religiosas crêem e ensinam que após a morte a pessoa vive em uma outra dimensão, fora do tempo histórico.

Zoroastrismo – doutrina e prática da tradição religiosa de Zoroastro, ou Zaratustra, um médico persa que ensinou que o mundo e a vida humana são uma luta entre o bem e o mal. Se o ser humano se deixar conduzir pelo bem, terá a ressurreição e a eternidade feliz. Ao contrário, será condenado ao sofrimento para sempre. O zoroastrismo hoje é muito pouco representado. Sua terra de origem, a Pérsia hoje Irã, converteu-se ao islamismo.

Para compreender o objetivo e aprofundar o conteúdo do ensino religioso

ALBISSETI, Valério. *De Freud a Deus*. São Paulo, Paulinas, 1997.

AMALADOSS, Michael. *Pela estrada da vida*: prática do diálogo inter-religioso. São Paulo, Paulinas, 1996.

ANJOS, Márcio Fabris dos (org). *Experiência religiosa*: risco ou aventura?. São Paulo, Paulinas, 1998.

ARMSTRONG, Karen. *Uma história de Deus*: quatro milênios de busca do judaísmo, cristianismo e islamismo. São Paulo, Companhia das Letras, 1994.

CANTONE, Carlo (org). *Reviravolta planetária de Deus*: da "experiência religiosa" à "experiência secular". São Paulo, Paulinas, 1995.

CATALAN, Jean F. *O homem e sua religião*: enfoque psicológico. São Paulo, Paulinas, 1999.

CATÃO, F. *O fenômeno religioso*. São Paulo, Letras & Letras, 1995.

CLÉMENT, Cathérine. *A viagem de Théo*: romance das religiões. São Paulo, Companhia das Letras, 1998.

CONFÚCIO. *Os Analectos*. São Paulo, Martins Fontes, 2000.

CORTINA, Adela. *Ética civil e religião*. São Paulo, Paulinas, 1996.

FRAIJÓ, Manuel. *Fragmentos de esperança*: notas para uma filosofia da religião. São Paulo, Paulinas, 1999.

FUNDAÇÃO AMERÍNDIA (org). *Globalizar a esperança*. São Paulo, Paulinas, 1998.

HÄRING, Bernhard & SALVOLDI, Valentino. *Tolerância*: por uma ética de solidariedade e de paz. São Paulo, Paulinas, 1995.

HOORNAERT, Eduardo. *O movimento de Jesus*. Petrópolis, Vozes, 1994.

KESHAVJEE, S. *O rei, o sábio e o bufão*: uma fábula sobre Deus e as religiões. São Paulo, Nova Alexandria, 1999.

LACROIX, Michel. *Por uma moral planetária*: contra o humanicídio. São Paulo, Paulinas, 1996.

LIBÂNIO, J. B & MARTINS FILHO, M. *A busca do sagrado*. São Paulo, FTD, 1991.

LUSTIGER, Jean-Marie. *Tornai-vos dignos da condição humana*: ética, religião e política. São Paulo, Paulinas, 1998.

MANCINI, Roberto et alii. *Éticas da mundialidade*: o nascimento de uma consciência planetária. São Paulo, Paulinas, 2000.

MANCINI, Roberto. *Existência e gratuidade*: antropologia da partilha. São Paulo, Paulinas, 2000.

MARTELLI, Stefano. *Religião na sociedade pós-moderna*: entre secularização e dessecularização. São Paulo, Paulinas, 1995.

MARTINI, Antonio et alii. *O humano, lugar do sagrado*. São Paulo, Olho d'água, 1995.

MARTIRANI, Giuliana. *A civilização da ternura*: novo estilo de vida para o terceiro milênio. São Paulo, Paulinas, 2001.

MERTON, T (org.). *A via de Chuang Tzu*. Petrópolis, Vozes, 1999. 9.ed.

MILES, Jack. *Deus: uma biografia*. São Paulo, Companhia das Letras, 1997.

PADEN, Willian E. *Interpretando o sagrado*: modos de conceber a religião. São Paulo, Paulinas, 2001.

Piñera C., Bernardino. *O reencantamento da vida*. São Paulo, Paulinas, 2000.

Silva, Antonio Aparecido da (org). *Existe um pensar teológico negro?*. São Paulo, Paulinas, 1998.

Steiger, André. *Compreender a história da vida*: do átomo ao pensamento humano. São Paulo, Paulus, 1998.

Susin, Luis Carlos (org). *Mysterium Creationis*: um olhar interdisciplinar sobre o universo. São Paulo, Paulinas, 1999.

Teixeira, Faustino (organizador). *O diálogo inter-religioso como afirmação da vida*. São Paulo, Paulinas, 1997.

Teixeira, Faustino. *Teologia das religiões*: uma visão panorâmica. São Paulo, Paulinas, 1995.

Tse, Lao. *Tao te King*. São Paulo, Paulus, 2001.

Vida e morte nas tradições religiosas. *Revista de Ensino Religioso Diálogo*. São Paulo, nº 23, anoVI, ago 2001.

Para o conhecimento psicopedagógico dos educandos

Galimard, Pierre. *A criança de 6 a 11 anos*. São Paulo, Paulinas, 1995. 5.ed.

Galimard, Pierre. *A criança de 11 a 15 anos*. São Paulo, Paulinas, 1996. 6.ed.

Novello, Fernanda Parolari. *Psicologia infantil*: educação é vida. São Paulo, Paulinas, 1996. 3 ed.

Tierno, Bernabé. *A idade áurea das crianças*. São Paulo, Paulinas, 1995.

Tierno, Bernabé. *Ajudar os filhos em seus problemas*. São Paulo, Paulinas, 1996.

Tierno, Bernabé. *Educar hoje*: dos seis aos vinte anos. São Paulo, Paulinas, 1997.

Tierno, Bernabé. *Os filhos e o ambiente*. São Paulo, Paulinas, 1996.

Para o aprofundamento da metodologia educativa

Apple, M. *Educação e poder*. Porto Alegre, Artes Médicas, s.d.

Freire, Madalena. *A paixão de conhecer o mundo*: relato de uma professora. Rio de Janeiro, Paz e Terra, 1983.

Freire, Paulo & Guimarães, Sérgio. *Sobre educação* (diálogos). Rio de Janeiro, Paz e Terra, 1984.

Freire, Paulo & Shor, Ira. *Medo e ousadia, cotidiano do professor*. Rio de Janeiro, Paz e Terra, 1987.

Gadotti, Moacir. *A educação contra educação*. Rio de Janeiro, Paz e Terra, s.d.

Imoda, Franco. *Psicologia e mistério*. São Paulo, Paulinas, 1996.

Izzo, Maria Helena B. *Quer saber por quê?*. São Paulo, Paulinas, 1996.

Nidelcoff, M. *A escola e a compreensão da realidade*: ensaio sobre a metodologia das ciências sociais. São Paulo, Brasiliense, 1994. 22.ed.

SUMÁRIO

Coleção de ensino religioso para o ensino fundamental

Unidade I
Internautas do invisível

Unidade II
No mundo inteiro as pessoas sonham com a felicidade

Unidade III
Nosso mundo tem janelas para o infinito

Unidade IV
Uma festa no jardim

Livrarias Paulinas no Brasil

Aracaju-SE
Rua Itabaianinha, 155-A – Centro – 49010-190
Tels.: (79) 3041-0379 – Fax: (79) 213-1270

Belém-PA
Rua Santo Antônio, 278 – 66010-090
Tels.: (91) 241-3607/241-4845
Fax: (91) 224-3482

Belo Horizonte-MG
Av. Afonso Pena, 2.142 – 30130-007
Tel.: (31) 3261-6623 – Fax: (31) 3261-3384

Belo Horizonte-MG
Rua Curitiba, 870 – 30170-120
Tel.: (31) 3224-2832 – Fax: (31) 3224-2208

Brasília-DF
SCS – Q. 05 – Bl. C – Lojas 18/22 – 70300-500
Tel.: (61) 225-9595 – Fax: (61) 225-9219

Curitiba-PR
Rua Voluntários da Pátria, 225 – 80020-000
Tel.: (41) 224-8550 – Fax: (41) 223-1450

Fortaleza-CE
Rua Major Facundo, 332 – 60025-100
Tels.: (85) 226-7544/226-7398
Fax: (85) 226-9930

Goiânia-GO
Av. Goiás, 636 – Centro – 74010-010
Tels.: (62) 224-2585/224-2329
Fax: (62) 224-2247

João Pessoa-PB
Rua Duque de Caxias, 597 – 58010-821
Tels.: (83) 241-5591 – Fax: (83) 241-6979

Maceió-AL
Rua Joaquim Távora, 71 – 57020-320
Tel.: (82) 326-2575 – Fax: (82) 326-6561

Manaus-AM
Av. 7 de Setembro, 665 – 69005-140
Tels.: (92) 233-5130/633-4251 – Fax: (92) 633-4017

Maringá-PR
Av. Getúlio Vargas, 276 – 87013-130
Tel.: (44) 226-3536 – Fax: (44) 226-4250

Natal-RN
Rua João Pessoa, 224 – 59025-500
Tel.: (84) 212-2184 – Fax: (84) 212-1846

Niterói-RJ
Rua Dr. Borman, 33 – Rink – 24020-320
Tel.: (21) 2622-1219 – Fax: (21) 2622-9940

Porto Alegre-RS
Rua dos Andradas, 1212 – 90020-008
Tel.: (51) 3221-0422 – Fax: (51) 3227-7294

Porto Velho-RO
Rua Dom Pedro II, 864 – 78900-010
Tel.: (69) 224-4522 – Fax: (69) 224-1361

Recife-PE
Rua Frei Caneca, 59 – Loja 1 – 50010-120
Tels.: (81) 3224-5812/3224-6609 – Fax: (81) 3224-9028

Rio de Janeiro-RJ
Rua 7 de Setembro, 81-A – 20050-005
Tel.: (21) 2232-5486 – Fax: (21) 2224-1889

Salvador-BA
Av. 7 de Setembro, 680 – 40060-001
Tels.: (71) 329-2477/329-3668 – Fax: (71) 329-2546

São Luís-MA
Rua de Santana, 499 – 65015-440
Tels.: (98) 232-3068/232-3072 – Fax: (98) 232-2692

São Paulo-SP
Rua Domingos de Morais, 660 – 04010-100
Tel.: (11) 5572-4051 – Fax: (11) 5549-7825

São Paulo-SP
Rua XV de Novembro, 71 – 01013-001
Tels.: (11) 3106-4418/3106-0602 – Fax: (11) 3106-3535

São Paulo-SP
Via Raposo Tavares, km 19,145 – 05577-300
Tel.: (11) 3782-0096 – Fax: (11) 3782-0972

São Paulo-SP
Av. Marechal Tito, 981 – S. M. Paulista – 08010-090
Tel.: (11) 6297-5756 – Tel/Fax: (11) 6956-0162

Vitória-ES
Rua Barão de Itapemirim, 216 – 29010-060
Tel.: (27) 223-1318 – Fax: (27) 222-3532

TELEMARKETING e SAC: 0800-7010081
Rua Domingos de Morais, 678 – Térreo – 04010-100 – São Paulo - SP
Tel.: (11) 5081-9333 – Fax: (11) 5081-9421
www.paulinas.org.br – E-mail: marketing@paulinas.org.br

Impresso na gráfica da
Pia Sociedade Filhas de São Paulo
Via Raposo Tavares, km 19,145
05577-300 - São Paulo, SP - Brasil - 2001